자기주도 리더십

윤병화 지음

신광문화사

머리말

「노무현의 리더십 이야기」라는 책을 보면 첫 장에

장자왈(莊子曰) "대붕역풍비(大鵬逆風飛) 생어역수영(生魚逆水泳)"

이라는 말이 나온다. 「장자」 1편 「소요유(逍遙遊)」에 담겨 있는 고사성어이다. 이 말은 "큰 새는 바람을 거슬러 날고, 살아있는 물고기는 물살을 거슬러 헤엄친다."라는 뜻이다.

이 말은 백범 김구선생님과 노무현대통령의 좌우명이다. 아무리 어렵고 힘든 역경이 있더라도 그 의지를 바로 세워 앞으로 나아간다면 분명히 성공할 수 있다는 것이다. 그리고 꼭 그리 해야만 한다는 뜻이다.

또한 21세기 현대화시대 급변하는 외부환경을 정확하게 파악하고, 어떠한 난관에서도 리더로서 포기하지 않고, 온 힘을 다해 도전해야 한다는 것이다.

한편, 필자는 리더가 지켜야 할 덕목으로 악덕(惡德)을 피하고, 미덕(美德)을 가까이 해야 한다는 공자의 가르침을 전하고 싶다. 공자는 석가모니, 예수와 더불어 세계 3대 성인으로 지칭되는 인물이다. 이런 공자의 언행과 공자의 제자 및 여러 사람들이 나눈 대화 등을 수록한 「논어(論語)」는 유교의 성전으로 사서(四書) 중 하나이다.

「논어」는 학이편(學而篇)에서 요왈편(堯日篇)까지 총 20편으로 이뤄져 있고, 세상사는 이치나 교육 · 문화 · 정치 등을 인(仁)의 관점에서 자세하게 설명하고 있다. 이 중 논어의 맨 마지막에 나오는 요왈편(堯日篇)에 리더의 자질이 언급되어 있다.

먼저 리더가 행하지 말며 경계해야 하는 4가지 악덕은 다음과 같다.

첫 번째, 미리 일을 가르쳐 주지 않고 (죄를 범하면) 죽이는 것은 잔인하고 포학한 것이다.

두 번째, 일을 실행함에 있어 미리 경계할 점을 알리지 않고 성공을 요구하는 것은 횡포이다.

세 번째, 지시를 태만하게 하고 기한을 정해 달성을 독촉하는 것은 도적이다.

네 번째, 마땅히 주어야 할 것을 놓고 인색하게 하는 것은 사무적이다.

이와 같은 악덕은 공(公)과 사(私)를 구분하지 못하고 지나친 성과주의와 자신감으로 군림하려는 제왕적 리더의 자질이다. 잘못된 리더는 결국 조직을 잘못된 방향으로 유도해 조직을 궤멸시킬 수 있다.

그렇다면 조직을 잘 이끌 수 있는 방안을 무엇일까? 이 또한 요왈편에 잘 나와 있다.

리더가 실천해야 할 5가지 미덕은 다음과 같다.

첫 번째, 사람들에게 은혜롭되 허비하지 말아야 한다.

두 번째, 사람들에게 수고를 끼쳐도 원망을 사는 일이 없어야 한다.

세 번째, 마땅히 목표 실현을 추구하되 탐욕을 부려서는 안된다.

네 번째, 태연하면서도 교만하지 않는다.

다섯 번째, 위엄이 있되 사납지 않아야 한다.

5가지 미덕은 어렵긴 하지만 자신만의 원칙을 세워 비전을 제시하며 신뢰성을 바탕으로 성실하게 조직을 이끌 수 있는 리더의 자질이다.

현재 우리 사회에 진정한 울림이 있는 이야기이다. 오로지 남 탓하며, 자신의 안위만을 쫓는 이들이 많아진다면 그 사회는 분명 퇴보한다. 진정한 리더가 필요한 시기에 공자의 가르침처럼 살아가고자 하는 리더가 늘어날 때 살기 좋은 사회가 될 것이다.

사실 우리 모두는 가정과 모임·직장에서 크던 작던 리더의 역할을 수행하고 있다. 이때 공자의 모든 가르침을 따르기는 어렵겠지만 최소한 악덕을 행하지 않는 리더가 되길 바란다.

이번 책을 기획하면서 리더의 개념, 역할, 기능 등을 살펴보면서 과연 리더는 "어떤 사람이여야 할까?"라는 고민을 많이 했다. 그러면서 "대붕역풍비(大鵬逆風飛) 생어역수영(生魚逆水泳)"과 「논어」에서 그 해답을 찾았다.

이 책은 전체적으로 제3부로 구성되어 있다.

제1부는 리더십 이론, 제2부는 인물 리더십, 제3부는 인성·소통의 리더십으로 구분되어 있다.

아무쪼록 리더십에 관심이 있는 독자들이 다시 한 번 리더의 의미를 되짚어 보는 기회가 되길 기원한다.

저자 윤병화

Contents

제1부
리더십 이론

사람은 항상 잘못을 저지른 다음에 고칠 수 있고, 마음이 괴롭고 자꾸 생각에 걸려야 분발하며, 남의 안색에서 확인하고 남의 목소리에서 드러나야만 깨닫는다. 안으로는 법도 있는 대신과 보필하는 선비가 없고, 밖으로 적국과 외환이 없으면 이런 나라는 항상 망하게 되어있다. 사람은 우환에 살고 안락에 죽는다. (맹자)

누구나 커다란 시련을 당하기 전에는 진정으로 참다운 인간이 못된다. 그 시련이야말로, 자기가 존재하는 것을 인식하고, 동시에 자신의 위치를 결정하고 규정하는 계기가 된다. 즉, 그의 운명이나 지위가 이때 결정된다. 따라서 커다란 시련을 겪기 전에는 누구나 어린 아이에 지나지 않는다. (자코모 레오파르디)

1. 리더십 개념

자기주도리더십

리더는 앵글로색슨어(Anglo-Saxon語)의 '리탄(lithan)'에서 나온 말로 '가다(to go)'라는 뜻이다. 리탄은 좋은 결과를 얻기 위해 목표를 세워 나아가는 것을 뜻하며, 좋은 결과는 바로 조직의 생산성, 성장 발전, 만족감 등을 의미한다.

리더(leader)·십(-ship)은 리더의 상태, 특질, 가술, 능력이다. 즉, 리더십은 움직임을 나타내는 동적이면서 적극적인 쪽으로 나아가게 하는 측면이 있으며 이를 흔히 동태성(dynamics)과 방향성(directiveness)이라 한다. 이런 리더십의 개념을 학자마다 다양하게 정의하고 있다.

참고 변화하는 현대사회에서 명심해야 할 사고 및 행동방식[1]

1. 창의력으로 차별화를 할 수 있어야 한다. 일상화되고 보편화된 지식으로 변화에 능동적으로 대처할 수 없다. 고정관념에서 해방되어 적극적으로 관련 영역을 넓힘으로써 기존의 가치나 제도를 타파하고, 여러 가지 가설에 도전할 때 창의력이 나타난다.
2. 지식을 구체화할 수 있어야 한다. 변화가 많은 사회일수록 실력이 있어야 한다. 자신이 가진 전문화된 지식으로 어떤 시·공간에서도 사용이 가능해야 한다.
3. 배짱을 가져야 한다. 지식을 갖고 창의적 생활을 할 수 있도록 매사에 배짱을 가져야 한다. 양보와 겸손이 변화하는 사회의 미덕이 될 수만은 없다. 혁신적인 사고를 하고 때로는 부담을 가지더라도 과감하게 이를 실행에 옮길 수 있는 배포가 있어야 한다.
4. 시간 관리를 철저하게 한다. 디지털에 의한 변화의 시대에는 소프트웨어가 하드웨어를 주도하는 만큼 철저한 시간 관리는 업무의 신속한 결정과 추진에 중요한 요소이다.

1) 김대규·권경택·김승묵, 교양인을 위한 리더십, 학문사, 2006.

▌표 1.1 리더십 정의[2)]

학자	리더십 정의
스토그딜 (Stogdill, 1948)	집단이 목표를 설정하고 그것을 성취하도록 하기 위해 집단 활동에 영향을 미치는 과정 1) 리더십은 집단화과정의 중핵(中核)이다. 2) 리더십은 인물특성의 효과이다. 3) 리더십은 지배의 특징이다. 4) 리더십은 사회적 영향화의 과정이다. 5) 리더십은 행위나 행동이다. 6) 리더십은 하나의 설득과정이다. 7) 리더십은 목표달성의 수단이다. 8) 리더십은 대인적 상호작용과정이다. 9) 리더십은 집단 내에서 하나의 지위나 역할을 의미한다. 10) 리더십은 집단 내에서 솔선수범하는 역할 행동이다.
헴필과 쿤스 (Hemphill & Coons, 1957)	조직의 활동을 공유된 하나의 목표로서 집중시키려는 개인의 행동
쿤츠와 오돈넬 (Koontz & O'Donnell, 1968)	공통의 목표달성에 순응해서 지향하도록 개개인에게 영향을 주는 것
허쉬와 블랜차드 (Hersey & Blanchard, 1977)	주어진 상황에서 개인이나 집단의 목표달성을 위한 활동에 영향을 미치는 과정
캐츠와 칸(Katz & Kahn, 1978)	기계적으로 조직의 일상적 명령을 수행하는 것 이상의 결과를 가져올 수 있게 하는 영향력
자고 (Jago, 1982)	강제성을 띠지 않는 영향력 행사과정으로 구성원들에게 방향을 제시하고 활동을 조정하는 것(성공적으로 영향력을 행사하는 사람들이 갖는 특성)
브라이먼 (Bryman, 1986)	리더십은 어떤 사람이 공식적으로 리더의 직위에 임명되었을 때 발생
캉가르와 카눙고 (Conger & Kanungo, 1988)	특정목표를 달성하기 위하여 특정 인물이 다른 사람에게 영향력을 행사하는 과정
바스(Bass, 1990)	상황이나 집단 구성원들의 인식과 기대를 구조화, 또는 재구조화하기 위해서 구성원들 간에 교류하는 과정

2) 백기복, 리더십 리뷰, 창민사, 2009, p.15~16; 문태용, 리더십유형이 직무만족과 조직몰입에 미치는 영향에 관한 연구, 동신대학교 석사학위논문, 2009.

나누스 (Nanus, 1992)	비전의 제시를 통하여 추종자들의 자발적 몰입을 유인하고, 그들에게 활력을 줌으로써 조직을 혁신하여 보다 큰 잠재력을 갖는 새로운 조직형태로 변형시키는 과정
로드와 마허 (Lord & Maher, 1993)	특정 개인이 다른 사람들에 의해서 리더라고 인정받는 과정 (일정한 직위를 가지고 있기 때문에 리더가 되는 것이 아니라 다른 사람들로부터 리더라고 인정받는 것이 중요)
그린버그와 바론 (Greenberg & Baron, 1993)	한 사람이 집단이나 조직의 정해진 목표의 달성을 위해 집단 구성원에게 영향을 미치는 과정
바톨(Bartol, 1994)	조직 목적의 달성을 위해 타인들에게 영향을 미치는 과정
로빈스 (Robbins, 1996)	리더가 일정한 상황에서 다른 구성원들로 하여금 조직이나 집단의 공동목표를 달성하는데 필요한 행위를 하도록 영향을 미치는 과정 또는 능력
유클 (Yukl, 1998)	집단이나 조직의 한 구성원이 사건의 해석, 목표나 전략의 선택, 작업 활동의 조직화, 목표 성취를 위한 구성원 동기부여, 협력적 관계 유지, 구성원들의 기술과 자신감의 계발, 외부인의 지지와 협력의 확보 등에 영향을 미치는 과정
베니스 (Bennis, 1989)	1) 리더는 혁신을 한다. 2) 리더는 독창적인 유형이다. 3) 리더는 개발한다. 4) 리더는 사람에게 초점을 둔다. 5) 리더는 신뢰를 고취시킨다. 6) 리더는 긴 전망을 갖는다. 7) 리더는 '무엇, 왜'를 묻는다. 8) 리더는 수평적이다. 9) 리더는 독창적이다. 10) 리더는 도전한다. 11) 리더는 솔선수범한다. 12) 리더는 옳은 일을 한다.
노스하우스 (Northouse, 2001)	공동목표를 달성하기 위하여 구성원들에게 영향을 미치는 과정
리처드 (Richard, 2012)	1) 리더는 비전과 전략을 창안해낸다. 2) 리더는 구성원이 성장하도록 여지를 제공해주고 변화하도록 도와준다. 3) 리더는 벽과 경계를 해소시키려 한다. 4) 리더의 '관계성과 영향력'은 개인적 권력에 근거한다. (직위와 권력에 기초하지 않는다.) 5) 리더는 코치, 조력자, 머슴처럼 행동한다. 6) 리더는 감정적 유대감, 열린 마음, 경청, 규칙, 관습에 얽매이지 않고 인간적 통찰에 초점을 맞춘다. 7) 리더는 변화를 창조한다. 8) 리더는 통합조정의 문화를 창조하려 한다.

2. 리더십 이론의 발전양상[3]

자기주도리더십

리더십 이론은 유사성을 바탕으로 발전해왔다. 1900년부터 1929년까지 리더십은 군이라는 특수 상황에서 도출된 개념이었다. 처음 리더십 이론은 개인적인 특성에 초점을 맞추었다가 점차 리더의 행동, 목표, 참여, 변화, 자아, 시스템 등으로 변화되어왔다. 그 구체적인 이론의 발전양상은 다음과 같다.

▌표 1.2 리더십 이론[4]

기간	이론	중심주제
1940년대 이전	특성론	리더십 능력은 타고 난다. (효과적인 리더의 자질은 따로 있다.)
1940년 후반~1960년 후반	행동론	리더십 유효성은 리더의 행동에 따라 달라진다. 리더십은 개발될 수 있다.
1970년 후반~1980년 초반	상황론	리더십 유효성은 상황에 따라 달라진다.

2.1 특성론

특성론은 제2차 세계대전 초에 미국심리학협회가 육군선발시험(Army Alpha Test of Intelligence)기법으로 개발하여 사용하다가, 전후 산업분야에 적용 및 발전시켜 인사평

3) 이인석, 리더십이론 발전광을 통한 리더십개발에 관한 연구, 동신대학교 석사학위논문, 2011, pp.6~22.
4) Bryman,A, Charisma and Leadership in Organization, London : Sage, 1992, p.1; 박내희, 조직행동론, 박영사, 2002, p.184.

가측면에서 활용되었다.

특성론은 리더와 비리더를 명확하게 구별하는 몇 가지 특성과 자질이 따로 있다고 가정하고 있다. 즉, 리더는 태어나는 것이지 만들어지는 것이 아니라는 것이다. 이러한 리더는 시대나 상황에 관계없이 항상 사람들을 효율적으로 이끄는 특성과 자질을 선천적으로 가지고 태어난다고 믿었다. 그래서 타고난 자질로 인해 위대한 인물인 리더가 된다는 주장이며, 이를 영웅호걸 이론이라고 부르기도 한다.

주로 사회적으로 명성이 높은 지도자를 중심으로 그들의 공통적인 특성을 연구하는 위인이론에 치중하다가 점차 조직의 관리자를 대상으로 성공적인 리더의 특성을 연구하게 되었다.

특성론에서 리더의 요소와 개인적 특성은 다음과 같다.

표 1.3 리더의 요소

학자	요소
만(Mann)	적응성, 남성적 기질, 지능, 지배력, 외향성, 보스적 성격
스토그딜(Stogdill)	지능과 민감성, 통찰력과 책임감, 진취성과 지속성, 자신감과 사교성, 성취욕, 통찰력, 진취성, 지속성, 자신감, 협동성, 책임감, 인내력, 영향력
로드(Lord)	남성적 기질, 지능, 지배력
커크패트릭와 로크 (Kirkpatrick & Locke)	추진력과 동기유발 성실감, 자신감, 인지적 능력, 사업지식

표 1.4 리더의 개인적 특성[5)]

구분	내용
신체적 특성	에너지, 원기, 나이, 외모, 키, 체중
지능 및 능력	지능, 인지능력, 지식, 판단력, 결단력
사회적 특성	사회성 및 대인관계능력, 협조성, 협력 유도능력, 기지, 외교력
성격	낙관주의, 자신감, 정직성, 성실성, 열정, 리더십 욕구, 독립성
직무관련 특성	추동력(推動力), 수월성 욕구, 목표추구에 대한 책임감, 인내력, 불굴의 정신
사회적 배경	교육수준, 기동성, 사회적 지위, 가정배경

5) 안성호·김일석, 현대리더십의 이해, 신광문화사, 2010, p.40.

그러나 제2차 세계대전이 종료되고 새로운 경제활동의 국면이 전개되면서 리더의 개인적 특성에 대한 공통적 요소를 규명하여 리더십의 유효성을 보장하던 특성론의 일관성을 찾기가 어려워지면서 1940년 후반 특성론은 비판을 받기 시작하였다.

첫째, 리더와 리더가 아닌 사람을 구분하는 리더의 특성이 유전적 요소를 지니고 있어서 타고나는 것이라는 주장은 지속적으로 조직에 필요한 리더를 확보하는데 있어서 큰 문제이다. 리더는 계속 필요한데 타고난 리더와 구성원을 근본적으로 구분한다면 윤리적 측면에서 바람직하지 않다.

둘째, 특성 리더십의 유효성에 대한 명확한 이유를 제시하지 못하고 있다. 이 이론의 타당성을 갖기 위해서는 리더 특성들이 왜 구성원에게 영향을 미치는지를 설명할 수 있어야 하는데 유효성의 상관관계만을 제시하고 있을 뿐 리더십의 유효성으로 이어지는 과정을 제시하지 못하고 있다.

셋째, 리더십은 상호작용의 과정에서 발휘되는 것인데 특성론은 리더의 단독적 특성만을 강조하고 있다. 리더십이 유효하다는 것은 리더와 구성원이 상호보완관계에 있기 때문이다. 예를 들어 리더가 구성원 보다 뛰어난 지적 능력을 갖지 않더라도 구성원의 지적능력을 발휘하도록 함으로써 뛰어난 업적을 발휘하는 경우도 있기 때문이다.

결국 특성론은 과거 영웅들의 특성에서 공통점과 상관관계를 찾아 제2차 세계대전에 사용한 것이다. 그러나 새로운 민간주도의 경영체제라는 경영 패러다임이 등장하면서 다양한 변수를 제공하는 새로운 리더십의 필요성이 제기되면서 특성론은 한계에 부딪쳤다.

참고 자율과 창의를 위한 자기 경영 9가지 지침

1. 늘 위기의식을 지녀라.
2. 현상에 안주하지 말라.
3. 경영마인드를 가져라.
4. 끊임없이 자기 계발하라.
5. 스스로 이룰 수 있음을 믿어라.
6. 실패를 두려워 말아라.
7. 새로움을 추구하라.
8. 도전적 목표와 연계하라.
9. 다양성을 인정하라.
10. 고부가가치 업무에 집중하라.

2.2 행동론

특성론이 어떤 특성을 가진 리더가 효과적인가를 규명하는 것이었다면 행동론(behavioral theory)은 어떠한 행동을 하는 리더가 효과적인가를 밝히는 것이다. 학자들은 1940년대 후반부터 다양하고 특별한 리더의 행동이 구성원들의 성과에 미치는 영향을 연구하여 행동론의 개념을 도출해냈다.

행동론은 조직의 성과는 리더의 행위에 의해 영향을 받는다는 관점에서 리더의 행위 패턴과 리더십의 유효성을 연결하여 어떠한 행동 패턴이 효과적인 리더십을 발휘할 수 있는지를 연구했다.

행동론에 관한 연구는 렌시스 리커트(Rensis Likert)를 필두로 한 미국의 미시간대학교(University of Michigan)에서 처음으로 진행했다. 렌시스 리커트는 1946년부터 미시간대학교 교수로 근무하면서 비교조사법을 구사하여 작업집단으로서 리더의 영향력, 집단과 집단의 상호작용에 관한 많은 행동 연구를 실시하였으며, 집단역학에 기초를 둔 행동과학적인 인간관계론을 전개하였다. 특히, 리더를 직무 중심형과 종업원 중심형으로 나누고 어떤 스타일이 더 효과적인가를 밝히려고 시도하였으나, 커다란 성과를 거두지는 못하였다.

1950년대 리더십을 위한 대형프로젝트가 시도 되었는데, 그 중에 가장 큰 공헌을 한 것이 오하이오 주립대학교(Ohio state University)의 리더십 프로젝트이다. 이 연구팀은 리더십의 스타일을 구조주도(Initiating Structure)와 고려행위(Consideration)라고 하는 두 개의 독립된 차원으로 보았다.

첫째, 구조주도는 구성원에게 행동의 전반을 구조적으로 정형화하는 정도를 기술하는 개념이다. 과업지향적 리더십의 유형과 유사하다. 일에 대해 상세하게 설명 및 지도해주고 완수 할 수 있도록 이끈다.

둘째, 고려행위는 리더가 상호신뢰, 구성원의 생각에 대한 존중 및 따뜻한 분위기로 특징지어지는 직무관계를 갖고자 하는 개념이다. 신뢰, 상호존경, 우애, 지원, 구성원의 복지에 대한 관심 등을 포함하는 리더의 행동을 의미하며 종업원지향적 리더십의 유형과 유사하다. 일을 수행하면서 구성원의 어려움과 특별한 상황을 고려해서 지지해주고 반응해준다.

구조주도와 고려행위 두 가지 차원에서 높은 점수를 갖는 이들이 바로 리더십 역량을 가지고 있는 관리자로 평가할 수 있다.

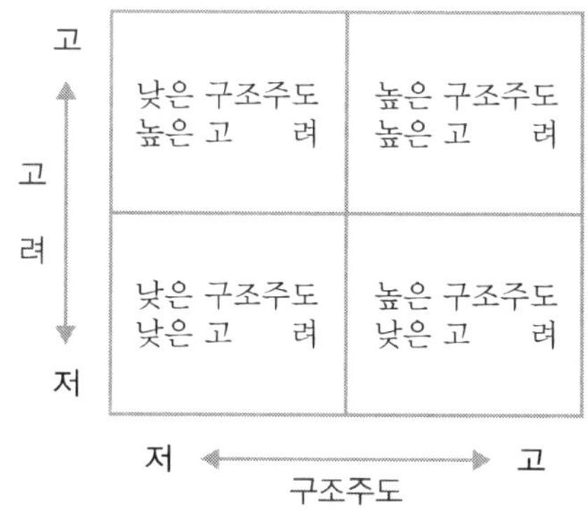

▲ 그림 1.1 오아이오주립대의 리더십 사분도[6)]

다음으로 텍사스대학교의 블레이크(Blake)와 모우턴(Mouton)의 관리격자 모형이 있다. 오하이오주립대학교의 연구결과를 바탕으로 가장 효과적인 리더의 행동을 밝혀낸 것이다. 관리격자모형(managerial grid)은 사람에 대한 관심(concern for people)과 생산에 대한 관심(concern for production)을 두 축으로 하여 1에서 9까지 등급을 매긴 바둑판 형태의 모형이다. 이론적으로 81개의 리더십 유형이 제시될 수 있으나 이들 가운데 가장 대표적인 유형의 리더십을 무기력형, 컨트리 클럽형, 권위·복종형, 팀형, 중도형 등 총 5개로 구분한다.

첫째, 무기력형, 무관심형(impoverished management / 1, 1형)이다. 이 유형의 리더는 사람과 생산에 대한 관심이 모두 최소인 무기력형이다. 기본적인 것만을 강조하고 수동적으로 받아들여 소극적인 자세로 직무를 수행한다.

둘째, 컨트리 클럽형, 인간관계형(country-club management / 1, 9형)이다. 이 유형은 생산에 대한 관심은 최소이고 사람에 대한 관심은 최대로, 사람들과의 원만한 인간관계를 중시하는 사교형이다. 이 리더는 구성원에게 안전하고 즐거운 직무환경을 제공하려고 노력하지만 업무수행에 있어서는 단지 주어진 지시사항만을 그대로 이행하려는 모습을 보인다.

셋째, 권위·복종형, 과업형(authority-obedience management / 9, 1형)이다. 이 유형은 생산에 대한 관심은 최대이지만 사람에 대한 관심은 최소인 과업중시형이다. 이 리더는 목표달성을 위해 매우 전제적이고 구성원이 자신의 진두지휘에 복종하기를 원한다.

6) 신구범, 조직행동의 설계와 관리 및 변화, 형설출판사, 1999, p.318.

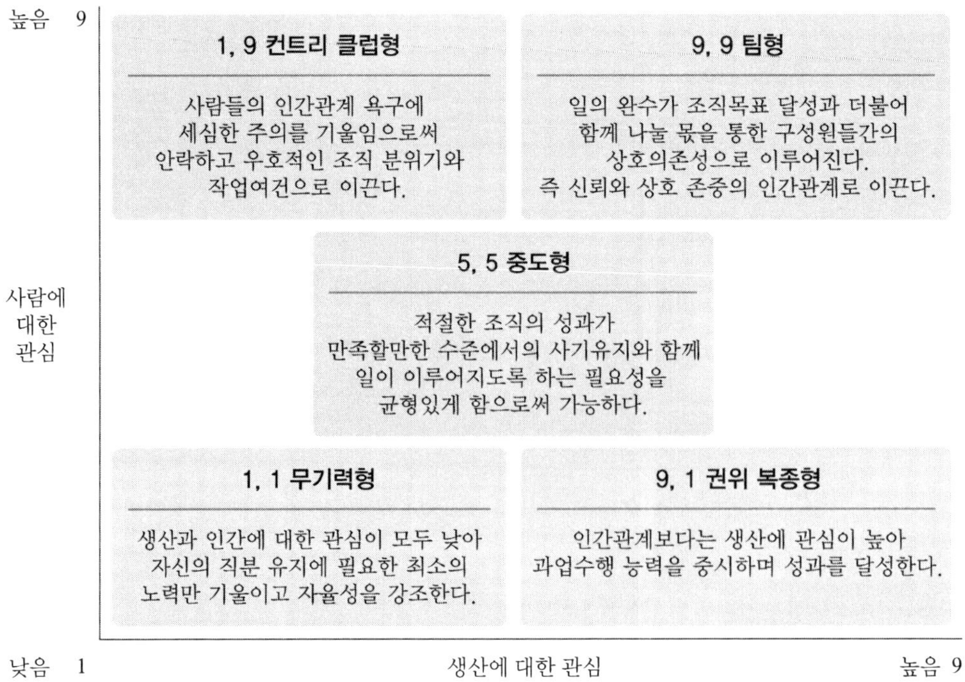

▲ 그림 1.2 관리격자모형[7]

넷째, 팀형(team management / 9, 9형)이다. 생산에 대한 관심과 사람에 대한 관심이 모두 높은 경우이다. 조직의 목표달성과 구성원 개인의 목표인 욕구충족을 조화롭게 실현시킬 수 있는 가장 이상적인 리더이다.

다섯째, 중도형, 중간형(middle-of-the road management / 5, 5형)이다. 이 유형의 리더는 사람과 생산에 대해 중간 정도의 관심을 갖는 경우이다. 그 결과는 최소도 최고도 아닌 중간 수준에 그친다.

한편, 행동론의 한계점은 다음과 같다.

첫째, 행동론은 리더십 유효성에 일관되게 관련되는 보편적인 리더의 행동을 찾아내고자 한다. 그러나 연구자들이 내걸었던 이러한 목표는 비일관성으로 인해 그 목적을 달성할 수 없었다.

둘째, 리더의 행동과 구성원의 행동을 분리하여 기술하고 있다. 리더십은 리더와 구성원간의 상호작용을 통해서 발휘된다. 그러나 리더의 행동을 구성원의 행동과 분리하

7) 김인경 외 4인, 간호 리더십과 팔로워십, JMK, 2016.

여 기술한다면 아마도 큰 의미가 없을 것이다. 행동론은 리더와 구성원의 상호작용 과정 및 상호 영향과정을 제대로 분석하지 못했다.

셋째, 행동론은 리더의 행동과 구성원의 성과와 만족도간의 직접적인 관계에 치우친 경향이 있다. 즉, 리더의 행동이 구성원의 어떤 요인을 매개로 성과와 만족도에 영향을 미치는지를 밝히지 못하였다. 이는 리더의 행동이 성과로 이어지는 과정을 밝히지 못하는 우를 범하게 된 것이다.

참고 늘 위기의식을 지녀라

1. 위기는 위험(危險)과 기회(機會)를 의미한다. 늘 위험한 상황을 기회로 삼자.
2. 1위는 언제 누구에게 추월당할지 모른다.
3. 정체는 가장 지양해야 할 상태이며 늘 변화를 꿈꾸어라.

2.3 상황론

상황론은 1970년대 이후에서부터 각광을 받기 시작하여 기존 이론의 보편성 보다 개별성의 문제에 관심을 집중한 이론이다. 스토그딜(Stogdil)이 1948년에 처음으로 "리더십 연구에 알맞은 분석은 리더에 관한 연구(리더의 특성과 행동) 뿐만 아니라 리더십이 발휘되는 상황에 관한 연구라는 사실이 점차 분명해지고 있다."라고 함으로써 리더십에 대한 상황 접근방법이 시도되기 시작했다.

상황론은 리더십을 결정하는 요소가 리더의 개인적 특성 및 행동에 있는 것이 아니고 리더가 처해 있는 조직과 집단의 상황과 환경요인에 있다고 주장한 이론이다. 상황론은 피들러(Fiedler)의 상황적합성이론, 하우스(House)의 경로-목표이론, 허시와 블랜차드(Hersey & Blanchard)의 상황대응이론, 브룸과 이튼(Vroom & Yetton)의 규범이론 등이 있다.

① 피들러(Fiedler)의 상황적합성이론

피들러(Fiedler)의 상황적합성이론은 리더십 유형과 상황적 호의성 간의 상호작용에 의해 조직의 성과가 나타나며 이에 따라 리더십의 효과성이 결정된다고 본 최초의 상황론이다. 상황적합성이론은 리더의 유형을 관계 지향형과 과업 지향형으로 설정하고 상황요인을 리더-구성원의 관계, 과업 구조화, 리더의 지위권력 등 세 가지로 구체화하여 각각의 상황 특성에 적합한 리더십의 스타일을 제시하고 있다.

특히, 상황론의 효시로 알려져 있는 상황적합성이론에서 피들러는 LPC(least preferred coworker) 척도를 개발하여, 이 척도에서 높은 점수를 받은 사람은 관계 지향형 리더로, 낮은 점수를 받은 사람은 과업 지향적 리더로 보았다.

리더십의 상황은 세 가지 요인을 측정함으로서 그 상황에 맞는 호의성을 결정하였다.

첫째, 리더-구성원의 관계이다. 호감, 신뢰, 충성도, 긍정성 등을 말한다.

둘째, 과업 구조화이다. 과업의 내용, 방법, 기대하는 결과가 어느 정도 명확하게 제시되어 있고 한정되어 있는지에 따라 구조화가 높거나 낮다고 판단할 수 있다.

셋째, 리더의 지위 권력이다. 리더가 자신의 지위를 통해 얻는 합법적 권력의 양이며, 구성원의 승진, 급여, 채용, 해고 등에 영향을 미칠 수 있는 정도를 말한다.

피들러는 세 가지의 상황요인들을 결합하여 조직 내 여러 상황의 유리함을 결정하며, 이러한 상황요인을 분류한 후 각 상황에 따라 과업 지향적 리더십이 유리한지, 관계 지향적 리더십이 유리한지를 밝혔다.

결론적으로 상황적합성이론이 강조하고 있는 것은 리더는 모든 상황에서 효과적일 수 없다는 것이다. 만약 리더의 유형이 그가 일하고 있는 상황과 적합하다면 그 리더는 효과적으로 직무수행을 하게 될 것이고, 리더의 유형이 그의 상황과 적합하지 않으면 그 리더의 직무수행은 거의 실패로 끝날 것이다.

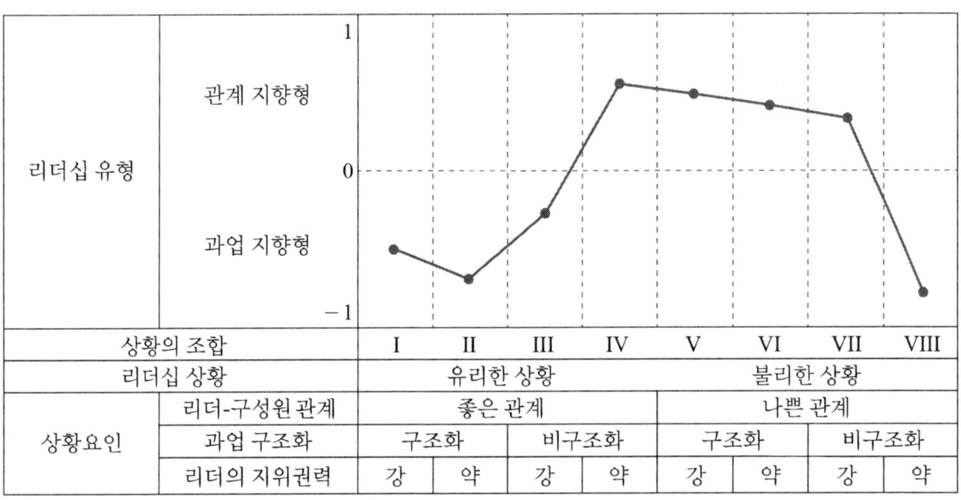

상황의 조합		I	II	III	IV	V	VI	VII	VIII
리더십 상황		유리한 상황				불리한 상황			
상황요인	리더-구성원관계	좋은 관계				나쁜 관계			
	과업 구조화	구조화		비구조화		구조화		비구조화	
	리더의 지위권력	강	약	강	약	강	약	강	약

*1, 0, −1은 LPC와 성과와의 상관관계임.

▲ 그림 1.3 리더십의 유형과 상황의 결합

참고 인맥관리실천 10계명

1. 24시간, 365일 네트워킹하라.
2. 미소와 열정으로 만나라.
3. 죽은 물고기처럼 악수하지 마라.
4. 명함은 먼저 받고 나중에 주어라.
5. 자기소개를 끌리게 하라.
6. 커뮤니케이션하라.
7. 스킨십으로 우정을 전달하라.
8. 고운 정, 미운 정이 들어라.
9. 나를 알게 하고, 좋아하게 하고, 신뢰하게 하라.
10. 먼저 상대방편이 되어라.

② 하우스(House)의 경로-목표이론

경로-목표이론은 기대이론(expectancy theory)에 기반을 두고 리더의 행동이 구성원의 동기부여에 미치는 영향을 분석한 이론이다. 이 이론에서는 리더의 행위가 구성원의 동기부여, 만족, 직무수행 능력 등에 긍정적인 자극을 줄 때 효과적이라고 주장하였다. 리더가 구성원에게 목표를 인지하게 하고 스스로 목표를 개발하게 하며, 여러 가지 경로를 통해 목표를 찾는데 영향을 미치는 것에 중점을 두었다.

경로-목표이론은 리더가 구성원에게 보여줄 수 있는 행동을 네 가지로 범주로 구별하였다. 지시적 리더십, 지원적 리더십, 참여적 리더십, 성취지향적 리더십 등이다.

첫째, 지시적 리더십이다. 구성원들의 작업을 계획하고 조정하는 것이며, 구성원들에게 기대하는 바가 무엇인지를 알려주고, 구체적인 작업 지시를 한다.

둘째, 지원적 리더십이다. 리더는 구성원에게 우호적이고 진실한 관심을 보이며 작업 집단의 만족을 위해 노력한다. 즉, 구성원들의 욕구, 안녕, 복지에 관심을 기울이고, 친근한 분위기를 조성한다.

셋째, 참여적 리더십이다. 리더는 구성원과 정보를 공유하고 구성원의 의견을 의사결정에 반영한다. 즉, 구성원들과 같이 의사결정을 하고 구성원의 아이디어를 진지하게 고려해 주는 행위를 말한다.

넷째, 성취지향적 리더십이다. 도전적인 목표를 설정하고, 높은 수준의 수행을 강조하며, 구성원들이 그에 대한 목표를 달성할 수 있다는 자신감을 갖도록 유도하고 신뢰하는 것이다.

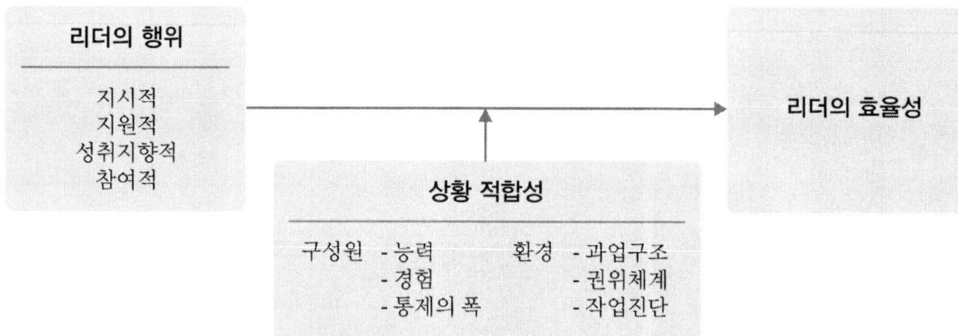

▲ 그림 1.4 경로-목표 이론의 개념도

여기에 하우스(House)는 효과적인 상황변수들을 제시하고 있다. 그가 제시한 상황변수들은 개인 특성의 변수들과 작업환경 변수들이다. 구성원 특성 변수로는 직무능력, 통제위치, 욕구상태 등을 내세웠고, 작업환경 변수들로는 과업의 특성, 조직의 권한체계, 작업집단의 특성(교육수준, 구성원들 간의 관계)을 제시하였다.

하우스의 경로-목표이론은 피들러의 이론보다는 진일보했다는 평가를 받으면서도 자체의 한계점이 있다. 요컨대, 상황론이면서도 상황 변수들에 대해서 명확하지 않은 점, 기대이론에 입각하고 있어 그 한계를 벗어날 수 없다는 점, 동기부여의 관점에서만 리더십을 이해하고 있다는 점 등이 한계점으로 지적되었다.

③ 허시와 블랜차드(Hersey & Blanchard)의 상황대응이론

상황대응이론은 오하이오주립대학교의 리더십 행동인 구조주도와 고려행위의 두 가지 차원을 4가지의 리더십으로 분류했다. 효과적인 리더십은 구성원의 욕구를 얼마나 잘 충족시키느냐에 달렸다는 전제하에 리더와 구성원간의 관계를 중요시하고, 구성원들의 성숙도에 따라 리더십의 행동을 분석하였다. 구성원의 성숙도는 심리적 성숙과 직무 성숙 두 가지 차원을 의미한다. 심리적 성숙은 구성원이 일과 관련해서 갖고 있는 자신감, 몰입, 동기, 자기 존중감 등의 정도를, 직무 성숙은 구성원이 가지고 있는 일과 관련된 지식, 경험, 능력 등의 정도를 의미한다.

상황대응이론은 리더십 유형을 지시적, 설득적, 참여적, 위임적 등의 네 가지 범주로 구분했다.

첫째, 지시적(telling) 리더(S1)이다. 과업지향성은 높지만 관계지향성은 낮아 구성원에게 기준을 제시하고 지도하며, 일방적인 의사소통과 리더 중심의 의사결정을 하는 유형이다.

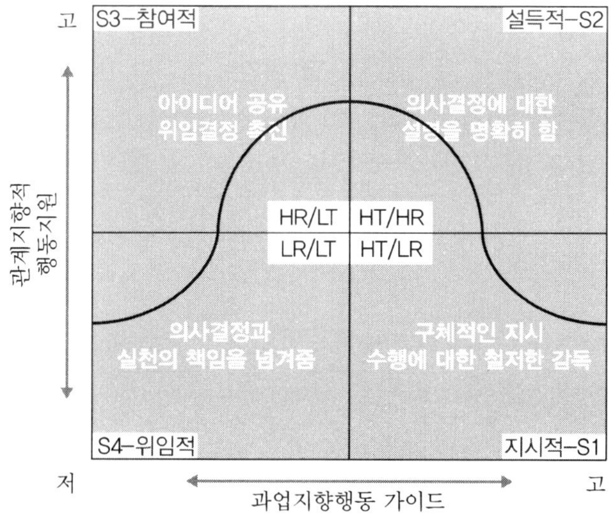

구성원의 준비성			
높음	중간		낮음
R4	R3	R2	R1
유능 자발성 있거나 자신감	유능 자발성 없거나 불안정	무능 자발성 있거나 자신감	무능 자발성 없거나 불안정
구성원주도		리더주도	

* HR : High Relation LR : Low Relation HT : High Task LT : Low Task

▲ 그림 1.5 상황대응이론

둘째, 설득적(selling) 리더(S2)이다. 과업지향성과 관계지향성이 모두 높아 구성원에게 결정사항을 설명하고 그들의 의견을 제시할 기회를 제공하는 등 쌍방적 의사소통을 하며 집단 의사결정을 지향하는 유형이다.

셋째, 참여적(participating) 리더(S3)이다. 과업지향성은 낮지만 관계지향성은 높아 구성원들과의 인간관계를 중시하고 아이디어를 공유하며 의사결정과정에 많이 참여하게 하는 유형이다.

넷째, 위임적(delegating) 리더(S4)이다. 과업지향성과 관계지향성이 모두 낮아 의사결정과 과업수행에 대한 책임을 구성원들에게 위임하여 구성원들 스스로 자기 통제하에 자율적으로 과업을 수행하도록 하는 유형이다.

상황대응이론의 특징은 상황에 적합한 리더십 유형을 리더가 선택하여 사용할 수 있다는 것이다. 또한 구성원의 성숙도에 의해 리더십 유형을 적용할 수 있고 똑같은 구성원이라도 상황변화에 의해 다른 유형의 리더십을 행사할 수 있다고 파악하였다. 구성원의 성숙도를 상황변수로 놓고 다음과 같이 제시할 수 있다.

첫째, 구성원들의 성취동기가 낮고 자신감과 능력이 부족한 단계로 동기가 약하고 능력이 없다.(M1)

둘째, 구성원들이 어느 정도 자신감과 동기는 갖고 있으나 능력이 부족한 단계로 동기가 강하고 능력이 없다.(M2)

셋째, 구성원들의 성취동기는 낮으나 능력은 갖춘 단계로 동기가 약하고 능력은 있다.(M3)

넷째, 구성원들의 성취동기가 높고 자신감과 능력이 모두 성숙한 단계로 동기가 강하고 능력이 있다. (M3)

따라서 구성원의 성숙도가 M1이면 업무를 지시하고 감독하는 지시적 리더(S1)가 효과적이다. 성숙도가 M2이면 과업과 관계 지향성이 모두 높은 설득적 리더(S2)가 효과적이다. 성숙도가 M3이면 구성원들을 의사결정에 참여시키고 지원하여 낮은 과업동기를 자극해줄 수 있는 참여적 리더(S3)가 효과적이다. 성숙도가 M4이면 과업과 관계지향성 모두 낮은 위임적 리더(S4)가 효과적이다.

그러나 이 이론은 상황요인 변수로 구성원의 성숙도 하나만을 사용하였으며, 리더의 행동유형과 구성원의 성숙도를 너무 개괄적으로 정의하였고, 상황에 적합한 리더십 구사능력이 없다면 효과적으로 사용할 수 없다는 문제점이 있다.

④ 브룸과 이튼(Vroom & Yetton)의 규범이론

규범이론은 리더가 의사결정 시 구성원을 어느 정도까지 참여시킬 것인지를 상황에 따라 결정한다는 이론이다. 리더의 의사결정행동은 의사결정 상황에 따라 행동이 모두 다르다. 따라서 리더는 주어진 상황에 적합한 리더십 행동을 취할 수 있는 융통성을 길러야 한다.

규범이론은 결정의 유효성을 극대화하기 위해 경영자가 채택해야 할 리더십 유형을 다음과 같이 제시했다.

첫째, 순수 독재형이다. 리더 자신이 가진 정보를 이용해 단독으로 결정하거나 문제

를 해결하는 유형이다.

둘째, 참고 독재형이다. 리더가 구성원으로부터 정보를 얻어 단독으로 결정하거나 문제를 해결하는 유형이다.

셋째, 개별 합의형이다. 리더는 구성원과 1:1관계에서 문제를 공유하고 의견을 경청한 후 결정한다.

넷째, 집단 협의형이다. 리더는 집단토론을 통해 아이디어나 제안을 얻고, 문제를 공유하지만 결정은 리더가 단독으로 행한다.

다섯째, 위임형이다. 리더는 구성원 그룹과 문제를 공유하고 모든 토론자는 대안을 제시하고 평가할 수 있다. 리더는 압력을 가하지 않으며 공동으로 결정된 사항을 이행한다.

이러한 구성원들의 의사결정 과정은 완전히 독재적인 방식에서부터 점차적으로 완전히 민주적인 방식으로 연결된다. 리더의 의사결정 행동은 의사결정 상황에 적합한 리더십 행동을 취할 수 있는 융통성을 길러야 한다는 것을 강조하고 있다. 그들은 여러 상황에서 어떠한 의사결정과정이 가장 효과적인지를 결정하기 위한 기준으로 의사결정의 질과 의사결정의 수용을 매개변수로 들고 있고, 리더가 의사결정을 하는 과정을 이해하게 해 주고 리더가 질 높은 의사결정을 하기 위해 거쳐야 하는 훈련 방향을 제시해 주었다. 구성원의 참여를 중심으로 리더의 행동을 유형화하고 의사결정 상황을 개념화하여 상황마다 적합한 리더의 행동을 연구, 분석하는 데 초점을 맞추었다.

앞서 살펴본 모든 상황론의 문제점은 다음과 같다.

첫째, 이론의 변수 측정 및 검증이 어렵다. 대부분 상황론은 대단히 애매모호하게 기술되고 있어서 구체적인 검증 가능한 가설을 추출하기가 어렵고, 변수 간의 복잡한 인과관계를 명확히 검증할 가설 설정이 어렵다.

둘째, 상황론의 결과를 실무에 적용하기 어렵다. 대부분 상황론은 상황을 분석하여 적절한 리더십 스타일을 선택할 만큼 충분한 시간을 확보하여야 하지만 실제 현장에서는 리더에게 그럴 충분한 시간이 없다.

셋째, 다양한 상황변수들을 고려하는 것이 실무에 도움을 주었다기보다는 오히려 복잡성만을 더하기도 했다.

넷째, 이론적 측면에서 상황변수도 매우 미시적 변수들을 대상으로 했다. 대부분 상황변수들을 리더, 구성원, 집단 특성 등 미시적 측면으로 삼았고, 주요 전략, 문화적 가치, 산업의 특성 등의 거시적 변수에 대한 연구결과는 단지 중요성을 거론하여 단편적인 결과들을 제시하고 있다. 그러나 리더십은 거시적 변수들도 많다. 아직까지 거시적 변수는 리더십 상황론에서 제시하지 않고 있다.

참고 자성적 예언

1. 무엇이든 반드시 이루어진다고 믿으면 이루어진다.
2. 창의적 제안을 허황된 생각이라고 자르지 말아라.
3. 길은 찾아나서는 자에게 열린다.
4. 믿지 않는 자는 길을 찾아 나서지 않는다.

3. 현대 리더십이론

자기주도리더십

어떠한 집단이나 조직이든 간에 반드시 달성해야 할 목표가 있기 마련이고, 그 목표를 실현하기 위해서는 모든 구성원들이 목표 달성에 공헌하도록 이끄는 영향력이 발휘되어야 한다.

즉, 조직의 목표달성을 위해서는 조직이 확보하고 있는 물적 자원, 재무적 자원, 기술적 자원, 정보 자원, 인적 자원 등을 효과적으로 배분·할당하고 재조직하면서 이른바 시너지 효과를 발휘케 하는 핵심적 주체가 필요하다.

이런 상황에서 리더십에 대한 시각도 진화하고 있다. 과거에는 리더십의 자질로서 주로 개인의 능력을 중시했고, 자연히 협상, 통솔력, 의사결정과 같은 기술의 개발이 주된 관심사였다. 그러나 이런 능력과 기술의 이면에는 이기심과 같은 심리가 작동하고 있음이 밝혀지면서 이기심을 넘어서 다른 사람을 기꺼이 돕고자 하는 헌신과 기여 같은 위대한 특성에 주목하기 시작했다.

그러면서 현대사회에서는 기존의 리더십이론을 뛰어넘는 다양한 리더십 유형이 나타났다. 그 구체적인 리더십은 다음과 같다.

참고 실패를 두려워 말아라.

창의력 발휘는 적절한 위험부담을 감수하고, 실패를 성공의 한 과정으로 받아들일 준비가 되어 있을 때 가능하다. 실패나 돌출적인 행동이 자신에게 불이익이라고 느껴지는 분위기 속에서는 창의력 발휘가 어렵다. 적극적으로 변화와 도전을 즐겨라.

3.1 전략적 리더십

리더는 비전을 실현시킬 수 있는 능력을 가지고 있어야 한다. 이런 사람들은 전략가이다. 즉, 전략적 리더십은 조직의 생존과 발전을 위한 변화를 주도하기 위한 미래 예측, 조직의 비전 제시, 유연성 관리, 전략적 사고 등을 발휘하는 리더십이다.

전략은 조직의 비전인 조직의 목표를 달성하기 위한 다양한 방법들 중에서 조직에 가장 적합한 최선의 대안인 실천 계획을 수립하는 것이다. 전략을 구상하고 각 환경 변화에 적합한 전략을 수립하는 것이 바로 리더의 책임이다.

3.2 의사소통 리더십

의사소통 리더십은 리더와 구성원간의 원활한 소통을 만들어가는 과정이다. 의사소통 능력이 있는 리더는 구성원의 동의를 얻어내기 쉽고 자발적인 참여를 유도할 수 있다.

정보화시대에서 부가가치를 창출할 수 있는 요소는 지식과 정보이다. 따라서 다양한 아이디어를 도출하기 위해서는 여러 사람들과의 의사소통능력이 중요하다. 의사소통 리더십은 원활한 인간관계를 위해 기본적으로 갖추어야 할 동등하고 대등한 관계에서 의사소통을 할 수 있는 마음가짐과 태도이다. 따라서 다양한 구성원을 이끄는 리더는 사람들과 의사소통 능력을 지녀야 한다.

3.3 감성 리더십

감성 리더십은 상대로부터 공감을 얻어냄으로써 공감을 받은 자들이 최선을 다해 직무에 몰입하여 높은 성과 창출을 가능하게 하는 리더십이다. 목표를 성취하기 위한 강한 추진력과 일을 주도적으로 이끌어 나가는 진취력 그리고 협동과 팀워크를 이끌어 내는 능력 등에 기초한 리더십이다. 감성 리더십은 리더가 자신의 내면을 깊이 성찰하는 단계로부터 출발한다. 자신의 내면을 깊이 있게 성찰하고, 이후에는 구성원들의 감성 및 욕구를 이해하고 배려하는 과정에서 공동의 목표를 달성해 내는 것이 감성 리더십의 핵심이다.

현대사회에서 감성을 다루는 일은 리더가 해야 할 가장 중요한 일이다. 리더는 사람들의 감성을 긍정적인 방향으로 이끌어내야 한다. 어떤 집단에서든 리더의 영향력은 단순히 일이 잘 되리라는 확신의 수준을 넘어서야 한다. 구성원의 감정에 공감할 줄 아는 리더는 집단 내에 열정과 일체감을 심어준다. 리더의 공감은 구성원으로 하여금 자신들이 이해받고 보살핌을 받고 있다는 느낌을 갖게 한다.[8)]

3.4 윤리적 리더십

슈만(Schumann, 2001)은 윤리적 리더십을 "리더는 행동과 대인관계를 통해 규범적으로 적합한 행동의 모범을 보이며, 의사소통을 강화하고, 의사결정을 통해 구성원으로 하여금 적합한 행동을 하도록 촉진하는 것"이라고 정의하였다. 따라서 윤리적 리더는 구성원들에게 정직성, 공정성, 배려, 솔직함, 겸손함과 같은 윤리적 행동을 실천하는 모델이다. 여기에 적절한 보상과 규제를 통하여 조직 전체가 원칙에 부합하는 도적적인 선택을 하도록 유도하는 역할을 한다. 딕슨과 미첼슨(Dickson & Mitchelson, 2006)은 윤리적 리더십의 구성요소를 신의 성실, 윤리적 인식, 공동체 및 인간중시, 동기부여, 권한위임, 윤리적 기준제시 등의 여섯 가지로 제시했다.

3.5 군 리더십

군 리더십은 군인들로 하여금 나라와 민족을 위하여 죽음을 무릅쓰고 책임을 완수하는 마음가짐을 가질 수 있도록 이끌어주는 기술이다.

군 리더십은 다른 리더십에 비해 조금 더 특별한 성질을 띤다. 군은 기업처럼 타 경쟁사와 경쟁을 하거나 개인의 이윤 창출을 위한 집단이 아니라 전쟁터에서 목숨을 담보로 조국과 민족의 생존권을 위해 엄정한 명령 체계에 따라 서로 믿으며, 싸워야 하는 집단이다. 그렇기 때문에 전쟁터에서는 언제 죽을지 모른다는 두려움과 공포감이 또 다른 적이 되어 군인들을 괴롭히게 된다. 이러한 상황에서 전장의 공포감을 없애고 전장 군기를 유지한다는 명분으로 기합이나 구타와 같은 폭력적인 방법을 사용한다면 오히려 다른 비극을 초래할 수 있다. 구성원에 대한 따뜻한 배려와 솔선수범이 근간인 '인간 중심의 리더십'이 가장 효과적인 군 리더십이 될 수 있다. 똑같이 주어진 상황에서도 군 간부는 자신감으로써 동요를 막고 솔선수범으로서 동기유발을 유도해야 하며,

8) 박지현, 이순신 리더십 교육을 위한 초등사회 교과서 서술 내용 분석, 서울교육대학교 석사학위논문, 2017, p.11.

존중과 배려로서 함께 아파하고 감싸주어야 하는 것이다. 그래야만 비로소 그 부대는 진정한 전우애로 똘똘 뭉치게 되고 무엇이든지 맡겨만 주면 기필코 승리로서 보답하겠다는 자신감이 생긴다.

군 리더십은 군인으로 하여금 "승리(임무 완수)"라는 최종 상태를 위해 임무를 완수하도록 이끌되 평상시부터 체력단련과 전술을 연마시키는 인간 중심의 리더십이라고 볼 수 있다.

따라서 군인정신은 "충·효·예"를 근간으로 유사시 자기 목숨을 바쳐 조국과 민족을 수호할 줄 아는 정신이며 이러한 군인정신을 달성하기 위한 리더의 능력이 군 리더십이다.[9)]

참고 인생 10계명

1. 인생은 짧다. 헛되이 보내지 마라.
2. 사람에 눈 멀어라.
3. 뒤돌아보며 달려라.
4. 쉬운 경험도 어렵게 하라.
5. 성공이 가까우면 보험에 들어라.
6. 고민은 10분만 하라.
7. 때와 사람을 놓치지 마라.
8. 오늘이 생(生)의 첫날인 것처럼 살아라.
9. 오늘이 생(生)의 마지막 날인 것처럼 살아라.
10. 후회 없이 살아라.

3.6 모멘트 리더십

모멘트(moment)는 회전운동 시스템에 있어서 작용되는 힘의 크기를 의미하는 물리학 용어이다. 모멘트를 일상생활에서 가장 잘 이용한 도구가 바로 지렛대이다.

사람이 도저히 들 수 없는 무거운 물체를 지렛대를 이용하여 쉽게 원하는 방향으로 움직일 수 있듯이 각 구성원이 처한 상황을 변화시킬 수 있는 모멘트를 파악하여 결단력 있게 행동함으로써 산을 움직이는 불가능을 가능케 하는 리더십이 모멘트 리더십이다.

국내외 위대한 리더는 대부분 위기의 순간에서 모멘트 리더십을 발휘하여 산적한 난

9) 이태승, 정기룡 장군의 리더십 연구, 건양대학교 석사학위논문, 2014, pp.13~14.

제를 해결해 왔으며 그 결과 국가, 조직의 위기를 슬기롭게 잘 극복했다. 이들은 미래에 닥칠 전쟁을 잘 준비하여 불리한 여건에서 큰 승리를 거둔 장군, 군사 전문가, 경영자, CEO 등이다. 모멘트 리더십은 힘, 시간, 방향이라는 구성요소가 통합되어 한 리더에 의해 발휘되는 영향력의 과정이자 자산이다.[10)]

3.7 이슈 리더십[11)]

이슈 리더십은 주어진 상황에서 중요하다고 판단되는 이슈를 창안해내는 행위, 창안된 이슈를 관련된 전 방향의 구성원들에게 그 중요성을 설득하여 동참과 몰입을 이끌어 내는 행위, 이슈를 성공적으로 실천하기 위한 효과적인 실천 시스템을 구축하는 행위 등을 지속적으로 추구하여 끊임없이 높은 성과를 산출하는 리더십이다.

이 리더십의 특징은 직급이나 나이에 관계없이 보다 창의적이고 핵심적인 이슈를 창안해 내는 사람이 리더가 된다. 이슈를 창안하는 사람을 이슈 리더라고 칭하고 그 이슈의 추진에 동참하고 몰입하는 사람들을 오디언스라고 정의하며, 오디언스는 하급자, 상급자, 동료, 외부인 등 제안된 이슈에 따라 누구나 포함될 수 있다. 즉, 조직구성원 모두는 이슈 리더이면서 동시에 다른 이슈에 대해서는 협력자, 지원자, 실천담당자, 비판자 등의 입장에서 오디언스의 역할을 수행하게 된다. 이슈 리더와 오디언스는 상하의 관계가 아니라 파트너이다. 기존 리더십과 다르게 이슈 리더십은 계층에 관계없이 적용할 수 있다는 특징이 있다.

정보의 유통 속도가 광속으로 변하면서 기업 경영의 템포도 그만큼 빨라지고 있다. 따라서 경영자들의 의사결정이 빨라져야 하고 그 실천도 신속히 이루어져야 한다. 뿐만 아니라 조직원들 각자의 전향적이고 주도적인 자세가 필요하다. 남에게 일일이 물어보고 하라는 대로 하는 스타일을 가지고서는 변화의 템포를 따라갈 수가 없다. 늘 이슈를 만들고 이슈에 몰입해야 한다.

10) 김성국, 모멘트리더십, 탑북스, 2016.
11) 백기복, 이슈리더십, 창민사, 2000, p.87.

3.8 서비스 리더십

생산과 판매가 동시에 일어나며 재고가 없고 한번 판매된 상품인 서비스는 취소할 수 없다는 특징을 가지고 있다. 이런 서비스 의미를 기반으로 서비스 리더는 서비스 신념(service concept), 서비스 태도(service mind), 서비스 능력(service skill) 등을 갖춘 리더를 의미한다. 서비스 신념은 '훌륭한 서비스는 그에 상응하는 보답으로 돌아온다.'라는 사실에 대한 믿음으로 윈-윈(win-win)의 정신이며, 서비스 제공자와 수혜자 간의 수평적 관계를 의미한다. 서비스 태도는 자신이 갖고 있는 서비스에 대한 신념을 행동으로 옮기는 준비 정도를 말한다. 서비스 능력은 어떻게 하는 것이 고객만족을 이끌어낼 수 있는지에 대한 지식과 틀이다.

서비스 리더십에서는 이들 신념(Concept), 태도(Mind), 능력(Skill)의 첫 자를 따서 [C×M×S]로 표시하고, 이를 서비스 리더가 갖춰야 하는 핵심역량으로 제시하고 있다.

한편, 서비스 리더십은 시스템적인 지원이 있어야 하고, 기업 이미지나 문화와 같은 조직차원의 변수들과의 조율도 필요하다.

참고 인간관리 10계명 - 양광모 <인간관계의 맥을 짚어라>

1. 먼저 인간이 되라. 만나는 사람마다 생명의 은인처럼 대하라. 항상 감사하고, 어떻게 보답할 것인지 고민하라.
2. 적을 만들지 마라. 친구는 성공을 가져오나, 적은 위기를 가져오고 성공을 무너뜨린다. 쓸데없이 남을 비난하지 말고 항상 악연을 피하여 적이 생기지 않도록 하라.
3. 자신의 스승부터 찾아라. 인맥에는 지도자, 협력자, 추종자가 있으며, 가장 먼저 필요한 인맥은 지도자, 스승이다. 유비도 삼고초려로 좋은 스승을 찾았다.
4. 생명의 은인처럼 만나라. 좋은 인맥을 만들려 하기 전에 먼저 자신의 인간성부터 살펴라. 유유상종이니 좋은 사람을 만나려면 좋은 사람이 되어야 한다.
5. 첫사랑보다 강력한 인상을 남겨라. 첫 만남에서 첫사랑보다 강렬한 이미지를 남겨라. 길거리에서 발길을 차인 돌처럼 잊혀지지 말고 애써 얻은 보석처럼 가슴에 남아라.
6. 헤어질 때 다시 만나고 싶은 사람이 되라. 함께 있으면 즐거운 사람이며 유익한 사람이 되어라.
7. 하루에 3번 참고, 3번 웃고, 3번 칭찬하라. 미소는 가장 아름다운 이미지메이킹이다.
8. 내 일처럼 기뻐하고, 내 일처럼 슬퍼하라. 애경사가 있으면 진심으로 기뻐하고 슬퍼하라.
9. Give & Give & Forget 하라. 먼저 주고 조건 없이 주고, 더 많이 주고 조건 없이 더 많이 주고, 더 많이 주고 줄때는 아무 말을 하지 말아라. 되도록 빨리 모두 잊어버려라.
10. 한번 인맥은 영원한 인맥으로 만나라. 잘 나간다고 가까이 하고, 어렵다고 멀리하지 말라. 한번 인맥으로 만났으면 영원한 인맥으로 만나라.

3.9 e-leadership

e-leadership은 디지털 리더십, 사이버리더십, 버츄얼 리더십(virtual leadership) 등을 의미한다. 정보통신의 발달로 지리적으로 멀리 떨어져 있는 사람들끼리 하나의 팀을 이루어 과업을 수행할 수 있는 시대가 되었다. 다국적 기업들이 세계 각국에 분산되어 있는 파견자들을 관리해야 하던가, 아웃소싱을 실시하는 기업들이 이들을 지속적으로 관리해 나아가야 하는 경우가 생기고 있다. 즉, 미국의 IT업계에서는 소프트웨어를 개발하여 미국의 보스턴과 LA를 비롯하여 뉴질랜드, 인도, 영국 등을 잇는 팀을 운영하고 있다. 개발의 스피드를 확보하기 위해 시차가 있는 이들 나라들의 연구원을 묶어 특정 소프트웨어를 개발하는 하나의 팀을 구성하여 24시간동안 프로젝트를 개발해 나아가고 있다. 예를 들어, 보스턴에서 개발하다가 퇴근하면, 그 결과물을 받아 LA의 연구원들이 개발을 이어가고, 그 결과를 뉴질랜드 팀이 받게 되며 그 다음은 인도, 영국 등을 거치면서 자연스럽게 동일한 프로젝트를 개발하고 있다. 이러한 과정에서 세계 각국에 흩어져 있는 연구원들을 하나로 묶는 e-leadership이 등장했다.

서로 공간적 접근이 불가능한 상태에서 전자메일, 화상 회의 시스템, 전화 등의 수단만을 통해서 사람들을 하나의 목표나 비전으로 이끌어야 할 때 필요한 리더십이다.

가상 팀을 이끄는 리더는 가상 팀원들 간에 신뢰(trust)를 구축하고 커뮤니케이션을 표준화하여 불필요한 갈등을 사전에 차단하는 행위가 중요하다. 신뢰는 능력에 대한 신뢰, 행위에 대한 신뢰, 태도에 관련된 신뢰 등을 말한다.

3.10 퓨전 리더십

퓨전(Fusion) 경영은 파트너십을 구축하고 조직의 경계를 없애며 전체를 중시하는 경영방식이다. 비전과 규범 등을 공유하여 공동체의식을 가지게 하고 대화를 촉진하며 서로 정보를 교환할 수 있도록 한다. 이러한 방식을 추구하는 것이 바로 퓨전 리더이다.

퓨전 리더는 진취적 마인드, 비전, 열정, 커뮤니케이션 기술, 용기, 성실한 품성 등 6가지 역량으로 구성된다. 퓨전 리더는 조직과 개인의 핵융합과 같은 유기적 통합을 통해 발휘될 수 있다.[12)]

12) 최광욱, 공군장교의 리더십 인식에 관한 연구, 목원대학교 석사학위논문, 2001, p.14.

3.11 변혁적 리더십[13)]

전통적 리더십은 영웅적 위치에서 구조적 역할을 하지만 새로운 개념의 리더십은 구성원의 자율성과 책임감을 중요시 하며 구성원의 역량 강화를 중시한다.

따라서 리더가 구성원의 역량을 강화시키기 위해서 자신감을 보이고 구성원에게 힘을 불어 넣어야 한다. 구성원에 대한 육성과 자극을 통해 자신감을 강화시켜야 하며, 집단이나 조직이 지향하는 바람직한 미래상을 제시함으로써 구성원 스스로 나아갈 방향을 알 수 있게 만들어 주어야 하고 구성원이 필요로 하는 정보와 지원을 아끼지 말아야 한다.

결과적으로 오늘날에 요구되는 리더의 행동이 바로 변혁적 리더십이다. 직접적인 감독을 통해 구성원을 이끌기 보다는 구성원이 선택해야 할 이념을 내면화시키고, 전체적인 방향을 제시하고 주어진 방향의 범위 내에서 자율성과 책임감을 발휘하여 일하게 하는 변혁적 리더십이 요구되고 있다.

1978년 번즈(Burns)가 처음으로 변혁적 리더십이라는 용어를 사용했다. 변혁적 리더십은 구성원의 욕구를 높이고 내재적 동기와 욕구에 초점을 두고 구성원의 신념, 욕구, 가치 변화 등을 유도하여 개인, 집단, 조직의 극적인 변화를 만들어내는 리더십이다.

변혁적 리더십과 관련되는 리더의 행위들은 번즈 이래로 학자들의 개인적인 관심에 따라 다양하게 제시되어 왔다. 즉, 변혁적 리더십은 변화, 변혁, 혁신에 초점을 두는 새로운 지도자 정신으로 리더십의 새로운 패러다임을 통합적으로 모색하려는 노력의 일환으로 나타났다. 변혁적 리더십의 행동요인은 [표 1.5]와 같다.

구체적인 변혁적 리더십의 행동요인 중 카리스마, 지적인 자극, 개별적 고려는 다음과 같다.

첫째, 카리스마(Charisma)이다. 카리스마는 그리스어로 평범한 사람들에게서 볼 수 없는 비범한 재능을 의미한다. 베버(Weber, 1947)는 카리스마적 권위를 '관습이나 합리적인 체계에 의한 것이 아닌 비범하고 초인적인 존재로서 특정 개인의 호소력에 의해 정당성을 획득하는 권위의 형태'로 설명하였다. 이는 사회적 권위의 정당성을 설명한 사례로 카리스마 연구의 시발점이 되었다.

---

13) 고은영, 어머니리더십 실천 인물 연구, 숙명여자대학교 석사학위논문, 2007, pp.16~21.

베버 이후 하우스, 잘레즈닉, 칸 등은 카리스마를 다양한 관점에서 설명했다. 즉, '카리스마적 리더십은 리더와 그의 개인적 자질에서 발견되는 것이 아니고 리더의 특성과 구성원의 욕구, 믿음, 가치, 지각과의 상호작용에서 발견된다.'는 것이다. 이는 관계적인 관점을 수용한 것이다.

특히, 바스(Bass, 1985)는 카리스마적 리더의 지표뿐만 아니라 카리스마로 지각될 가능성이 높은 리더의 특질을 제시하였다. 카리스마적 리더들은 구성원들에게 적절한 노력을 행사할 수 있도록 미래에 대한 비전을 제시하고, 리더에 대한 강렬한 애정이나 증오를 유도하며, 구성원들로 하여금 그 자신을 리더와 동일시하게 하였다. 또한 구성원의 노력에 대해 감정적 측면에서 기운을 북돋워준다거나 활기를 불어넣는 리더의 행동인 영감적 리더십을 카리스마 리더십의 하위요소 고려하였다. 즉, 카리스마적 리더는 구성원들에게 영감을 불어넣기 위해 구성원들에게 높은 수준의 기대를 부여한다.

표 1.5 변혁적 리더십의 행동요인

카리스마	카리스마는 변혁적 리더십의 중심적 구성요소를 이루는 것이다. 구성원의 요구, 가치, 조직의 질서를 변혁하는 힘이 되는 것이 카리스마이다. 즉, 비전과 미션을 제시하고 자신감을 높여주며, 존경과 신뢰를 얻을 수 있다.
지적인 자극	구성원들이 상황을 분석하는데 있어서 기존의 합리적 틀을 뛰어넘어 보다 창의적인 관점을 개발하도록 격려한다. 구성원의 지혜와 논리성을 일깨워준다.
개별적 고려	구성원들이 개인적 성장을 이룰 수 있도록 그들의 욕구를 파악하고 알맞은 임무를 부여하여야 한다. 즉, 구성원을 존중해주고 개인적 관심을 갖고, 개별적으로 코치한다.
공감대 형성	공감은 자신을 타인의 처지에서 생각하고 그 사람의 느낌을 직관적으로 이해하는 능력이다. 그렇기 때문에 공감대 형성은 구성원의 마음을 움직이게 하는 요소이다.
최고의 동지들과의 파트너십	최고의 유능한 동지와 참모들을 평생 동지 및 친구처럼 여기고, 그들의 조언과 헌신을 효과적으로 활용할 수 있어야 한다.
비전제시	비전을 제시하고 그것을 만인의 꿈으로 만들 수 있어야 한다. 리더가 제시하는 비전의 핵심은 바로 제대로 된 비전 설정과 비전 공유이다.
현장주의	현장에 나가 눈으로 상황을 직접 확인하고 현장의 생생한 목소리를 들으면서 고객은 물론 직원들과 호흡을 함께 하며 살아 있는 정보를 통해 상황 판단을 하고 의사결정을 내리는 것이다.

카리스마와 영감적 리더십은 모든 구성원들로 하여금 리더에 대한 강한 심리적 애착을 유발시켜 기대 이상의 성과를 달성하도록 동기 부여를 시킨다. 카리스마적 리더들은 매력적 외모와 강렬한 눈빛, 매혹적인 목소리, 위용을 나타내는 신체적 특성과 에너지, 자신감, 지구력, 지배 성향, 권력 욕구, 강한 확신, 높은 수준의 커뮤니케이션 기술 등의 심리적인 행동의 특성을 지닌다. 결국 리더의 카리스마는 구성원들에게 성공이나 성취에 대한 비전을 만들어 그들을 이끌어 나가는 능력을 의미한다.

둘째, 지적인 자극(Intellectual Stimulation)이다. 바스(Bass, 1985)는 지적인 자극은 감정적인 자극에 의한 즉각적인 행위 변화보다는 오히려 믿음과 가치, 상상력과 사고, 문제 해결과 문제 인식에 있어 구성원을 변화 및 자극시키는 리더의 행동을 의미한다고 보았다. 이러한 리더 행동들은 구성원들로 하여금 기존의 문제에 대한 인식과 새로운 접근방식의 탐색을 가능하게 하였다. 리더는 조직이 당면한 기회와 위협, 조직의 강·약점, 조직의 비교우위 등에 대해 자신의 관점을 구성원들에게 명확히 표현한다. 또한 구성원들이 몰입된 상황에서 중요한 문제를 인식하게 하고 이를 탐색 및 수행할 수 있도록 관리하는 능력을 말한다.

셋째, 개별적 고려(Individualized Consideration)이다. 개별적 고려는 구성원들에 대한 개별적 관심을 통해 구성원들의 독특하고 이질적인 욕구를 인정하고 수용하며, 개별적인 견지에서 도전적인 과업과 권한 위임을 통해 구성원들의 능력 개발을 도모하는 행동을 말한다. 이러한 행동은 구성원들의 자아 이미지를 고양시키고 욕구 충족을 통해 동기부여 수준을 의미 있게 변화시키며, 구성원들의 능력을 발달시킨다. 즉, 개별적 고려는 멘토(mentor)와 같은 역할이다. 멘토는 자신보다 나이가 젊고, 경험도 적은 구성원의 개발에 있어 리더의 역할을 하는 신뢰할만한 카운슬러를 말한다.

잘레즈닉(Zaleznick, 1977)은 평범한 보통의 개인적 영향력이 명백히 보이는 사람일지라도 훌륭한 리더와 일대일의 사제관계를 통해 자신의 계발을 가속화시키고 강화할 수 있다는 것이다. 그는 개인이 이러한 관계로부터 얻는 이익은 심리적 측면에서 자신을 내부로 향하게 하는 인생에서의 경험들과 깊은 관계가 있다고 지적하고 있다.

이처럼 변혁적 리더십은 급변하는 환경에 효과적으로 대응하기 위해 조직이 궁긍적으로 지향해야 할 바람직한 비전을 창출하고 그것을 구성원에게 제대로 전달하여 비전의 성취를 가능하게 하는 것이다. 이는 전통적 리더십이 상대적으로 미약했던 부분을 보완시켜주고 있다. 전통적인 리더십은 리더와 구성원의 사이를 감정이 배제된 합리적이고 무미건조한 관계로 다루었기 때문에 리더십의 유효성을 판단하는 기준을 구성원의 성과 및 만족도 등을 변수로 보았다.

변혁적 리더십은 리더에 대한 존경, 동일시, 신뢰, 수용 등 리더에 강한 정서적 반응과 아울러 구성원의 개인적·집단적 자기효능감 증진, 비전에 대한 몰입 등을 리더십 유효성 평가 변수로 삼았다.

참고 창의적 능력 개발 전략

1. 창의적 사고를 매우 가치 있는 것으로 생각한다.
2. 환경의 자극에 대해 늘 민감해지도록 한다.
3. 사물이나 새로운 사고에 용기를 갖는다.
4. 자신의 아이디어를 조직적으로 검토하는 방법을 훈련한다.
5. 새로운 아이디어에 대해 너그러움을 키운다.
6. 고정된 틀을 강요하지 않도록 한다.
7. 자신들의 창조적 사고에 가치를 두게 한다.
8. 창조적 사고를 갖도록 분위기를 만든다.
9. 주위로부터 제재를 피하는 기술을 가르친다.
10. 창조적 사고에 관한 정보를 준다.
11. 걸작에 대해 위축되는 감정을 갖지 않도록 한다.
12. 스스로 학습을 하도록 용기를 북돋아 준다.
13. 성가신 일을 만들어 낸다.
14. 창조적 사고의 필요성을 만든다.
15. 활동 시기와 휴식 시기를 조절한다.
16. 아이디어를 창안할 수 있는 주체를 준다.
17. 아이디어의 의미를 확실하게 하는 습관을 권장한다.
18. 단순한 비판이 아니라 건설적인 비판을 키워준다.
19. 많은 분야에서 지식학습을 권장한다.
20. 모험심이 있는 리더가 된다.

3.12 코칭 리더십

① 코칭 개념

코칭은 스포츠에서 운동선수의 기술을 향상시키기 위해 사용한 도구의 개념이었지만 1970년대 후반 조직 경영에서 새로운 전략으로 대두되기 시작했다. 1980년대 조직환경이 수직적 구조에서 수평적 조직구조로, 물적자원 중심에서 인적자원 중심으로 빠르게 변화하면서 구성원의 역량을 극대화시키고 조직의 성과를 향상시키는 전략으로 코칭이 널리 쓰이기 시작했다.

코칭의 정의는 다음과 같다.

▌표 1.6 코칭 정의[14)]

학자	정의
랄슨(Larson, 1984)	리더의 피드백 행동이 구성원들의 성과에 큰 영향을 미친다. 코칭은 리더가 구성원의 성과에 대해 피드백함으로써 구성원이 동기부여가 되고 역량이 향상된다.
스토웰(Stowell, 1986)	코칭은 행동적인 프로세스로서 리더가 토의나 대화로 개입 또는 중재하는 것인데 이것은 구체적인 기능이나 행동을 포함하는 프로세스이다. 코칭은 구성원의 행동이나 태도를 변화할 수 있도록 긍정적인 영향력을 발휘하는 것이며, 구성원들과 솔직한 대화를 통해 역량을 개발하고 동기부여를 하며 자발적으로 일을 할 수 있도록 지원하고 격려하며 수시로 피드백을 하여 주는 것이다.
레드쇼(Redshaw, 2000)	코칭은 리더가 구성원들에게 안내, 격려, 지원을 해주는 과정이다.
데이(Day, 2001)	코칭은 리더의 행동과 긴밀한 관계를 가지며 실제로 협력과 조력을 제공하여 동기부여를 하는 것이다.
알다그와 쿠즈하라 (Aldag & Kuzuhara, 2002)	코칭은 리더가 구성원들과의 커뮤니케이션을 통해 서로 존중하며 상대방의 욕구에 관심을 가지는 프로세스이다.
위드모어 (Withmore, 2002)	리더의 행동적 차원에서 코칭은 리더가 조직 구성원들의 행동이나 태도를 변화시킬 수 있도록 긍정적인 영향력을 발휘하는 것이다. 결과적으로 구성원들이 일에 대한 동기부여가 되어 몰입할 수 있도록 도와주는 과정이다.
스톨웰과 스타세비치 (Stowell & Starcevich, 2004)	코칭이 구성원들에게 긍정적인 영향력을 미치는 쌍방향의 커뮤니케이션으로서 지속적인 향상, 역량개발, 문제해결 등을 하게 하는 프로세스이다.
메드랜드와 스턴 (Medland & Stern, 2007)	코칭은 구성원들에게 긍정적인 영향력을 미치는 쌍방향 커뮤니케이션으로서 지속적인 책임과 역량개발을 추구하는 협력적인 과정이다.
박선영(2009)	리더가 쌍방향 커뮤니케이션을 통해 형성된 신뢰를 바탕으로 목표달성을 위해 구성원들의 잠재력을 향상시키고 문제를 해결할 수 있게 역량을 향상시켜주는 프로세스이다. 구성원을 통솔하여 궁극적으로 조직의 성과에 영향을 미치는 것이다.

14) 노유경, 새마을운동에서 코칭리더십과 혁신행동의 창발에 관한 연구, 고려대학교 석사학위논문, 2013, pp.4~6.; 안현미, 코칭리더십이 조직구성원의 이직의도에 미치는 영향, 고려대학교 석사학위논문, 2011, pp.10~11.

신준섭(2010)	리더가 코칭을 통해 행하는 리더십활동으로 구성원의 성과 향상을 위해 구성원과 수평적 관계를 형성하고, 상호 신뢰 속에서 구성원의 잠재력을 개발 향상시키고 역량을 개발하는 것이다.
정태영(2011)	구성원 중심의 개방적인 의사소통 관계를 통하여 리더의 적합한 피드백으로 구성원 스스로 문제해결 방법을 찾고 효과적으로 직무를 수행할 수 있도록 돕는다. 또한, 성과 향상으로 이어질 수 있도록 하는 것이다.
안현미(2011)	리더와 조직구성원 간의 신뢰를 바탕으로 쌍방향 커뮤니케이션 관계에서 구성원들의 자발적인 개인의 역량 향상을 통해 문제를 해결하고 조직성과 향상을 추구할 수 있도록 지원하는 리더의 영향력이다.

일반적인 코칭의 특징은 다음과 같다.

첫째, 객관적인 데이터가 기반이 되어야 한다.

둘째, 구성원들의 행동변화를 통해 성과 향상을 꾀한다.

셋째, 인간관계에 초점을 맞춘다.

넷째, 과정을 서두르지 않는다.

다섯째, 대화를 필요로 한다.

여섯째, 열린 마음이 필요하다.

일곱째, 겸허해야 한다.

여덟째, 조화와 균형을 요구한다.

② 코칭 리더십 효과

코칭 리더십의 효과는 다음과 같다.

첫째, 구성원이 누리는 이익이다. 구성원은 자신이 맡은 업무를 성사시키며 노력하는 과정에서 발전하며, 자신의 가치를 확인하고 자신감을 키우는 계기가 된다. 여기에 리더는 구성원에게 직장 생활의 의무를 깨닫게 하고 의욕을 북돋아줌으로써 자신이 높게 평가된다는 느낌을 받으면서 자신이 깨닫지 못했던 능력에 대해 알게 된다.

둘째, 리더가 누리는 이득이다. 코칭을 통한 구성원의 발전은 그들에게 점차 많은 책임과 업무를 담당하게 할 것이다. 이로 인해 리더는 자신의 업무에 더욱 매진할 수 있고 구성원으로서 발전방향을 조정하는데 많은 시간을 투자할 수 있다.

셋째, 조직과 구성원이 누리는 이득이다. 조직적 시각으로 코칭은 전반적인 서비스와 생산성 향상을 꾀할 수 있다. 코칭은 개인의 잠재력을 향상 발전시켜 시너지효과를 내는 프로세스이다. 그 결과 구성원의 의욕과 사기가 충만하게 됨으로써 조직 목표를 달성할 수 있게 된다.

3.13 슈퍼 리더십

슈퍼 리더십은 리더뿐만 아니라 구성원에게도 초점을 맞추고 있다. 슈퍼 리더는 그의 명령에 복종하는 소극적인 구성원을 이끌어 가는 것이 아니라, 자기 관리, 목표 설정 및 달성 등의 전략을 통해 과업 수행에 적극적인 구성원들이 셀프 리더(Self-leader)가 될 수 있도록 조력하는 사람이다. 따라서 슈퍼 리더십과 셀프 리더십은 함께 논의·탐색되어야 한다. 이는 슈퍼 리더가 되기 위해서는 리더 스스로가 셀프 리더가 되어 조직의 구성원들이 셀프 리더가 되는 것을 조력해야 함을 의미한다. 즉, 슈퍼 리더십은 리더가 구성원들을 스스로 판단하고 행동에 옮기며 그 결과도 책임질 수 있는 셀프 리더로 만드는 리더십을 말한다.

결국 전통적인 리더와 슈퍼 리더는 [표 1.7]과 같은 차이점을 가지고 있다.

표 1.7 전통적인 리더와 슈퍼 리더의 차이점[15)]

전통적인 리더	슈퍼 리더
• 목표를 강조한다. • 팀을 감독하고 정보를 제공하여 해결 방법을 제시한다. • 문제를 일일이 지적하여 말한다. • 영향력을 행사한다. • 대화를 자주 한다.	• 자기 강화를 격려한다. • 자기 관찰 및 평가, 자기 기대, 자기목표 설정을 격려한다. • 미리 실행해보는 것을 격려한다. • 자기 비판을 격려한다.

참고 목표달성을 위한 7단계

1. 신체적·경제적으로 진정한 목표를 설정하라.
2. 현재 상황을 파악하고 목표의 가치를 스스로 찾아라.
3. 기한을 정하되 지키지 못하면, 새 기한을 정하라.
4. 단계별·활동별로 완벽하게 리스트를 만들어라.
5. 우선순위에 따라 목표와 계획의 리스트를 정리하라.
6. 이젠 매일 한걸음씩 실천에 옮기는 것이 중요하다.
7. 매일 목표에 다가가기 위해 무엇이라도 행동하고 계획을 실천하라.

15) Manz & Sims, The New Superleadership, New York : Berrett-Koehler Publishers, 2001, p.89

슈퍼 리더는 자신 및 구성원들이 성취해야 할 가치를 설정하고, 모델을 제시하며, 격려와 보상방법을 설정한다. 그리고 슈퍼 리더는 개인, 팀, 조직문화 속에 셀프 리더십을 심어 육성하고 신장시키는 역할을 맡는다. 슈퍼 리더십과 셀프 리더십은 따로 설명될 수 있는 개념이 아니라, 리더와 구성원 모두 셀프 리더십을 실천하는 가운데 리더의 슈퍼 리더십이 발휘된다.

슈퍼 리더가 구성원들로 하여금 스스로 자신의 능력을 탐색하고 실현 시키는 셀프 리더가 되도록 이끌어주는 방법은 7단계로 나뉜다.

첫째, 슈퍼 리더가 되고자 하는 리더는 스스로 셀프 리더가 되어야 한다. 이는 리더가 셀프 리더십의 전략을 직접 실천하는 사람이어야 함을 의미한다.

둘째, 슈퍼 리더는 구성원의 셀프 리더가 되기 위한 모델이 되어야 한다. 첫째 단계에서 셀프 리더십의 전략을 습득한 리더는 구성원이 자신을 보면서 셀프 리더십을 갖출 수 있도록 해야 한다.

셋째, 구성원이 스스로 목표를 설정할 수 있도록 이끌어 주어야 한다. 이때 리더는 목표를 직접 세우는 모습을 보여주거나, 구성원이 조직목표 설정에 참여하도록 유도하여 직접 목표를 세울 수 있도록 해야 한다.

넷째, 슈퍼 리더는 구성원이 긍정적인 사고를 가질 수 있도록 해야 한다.

다섯째, 보상과 건설적인 질책을 통해 셀프 리더십을 개발할 수 있도록 해야 한다. 보상의 방법을 효과에 따라 고려하며, 구성원의 목표 행동이 실행된 후 즉시 보상하고, 개개인에 따라 달라져야 한다.

여섯째, 팀워크를 통한 셀프 리더십을 조장해야 한다.

일곱째, 슈퍼 리더는 조직 전체의 문화를 긍정적으로 조성해야 한다. 이러한 환경에서 구성원의 셀프 리더십이 격려 받고 지지 및 강화될 수 있다.

3.14 셀프 리더십

셀프 리더십은 1980년대 미국 기업들이 장기적으로 경기 침체를 겪게 되자 이를 해결하기 위해 벌인 경영혁신 추진과정에서 신세대 노동자의 관리방법의 일환으로 제안된 개념이다. 만츠와 심즈(Manz & Sims, 2001)는 '셀프리더십은 스스로 자기 자신에게 영향을 미치기 위해 사용되는 사고 및 행동 전략의 일체'라고 정의한다. 구성원이 높은 성과를 올릴 수 있도록 자율적인 힘을 갖는 것을 셀프 리더십이라고 보았다.

전통적 리더십과 셀프 리더십의 차이는 다음과 같다.

▌표 1.8 전통적 리더십과 셀프 리더십의 차이[16)]

전통적 리더십	셀프 리더십
외부 관찰	자기 관찰
주어진 목표	자기 설정 목표
과업 수행에 대한 외부 강화	셀프 리더십 행동에 대한 자기 강화와 외부 강화
외부 보상에 의거한 열의	일 자체의 자연적인 보상에 근거한 열의
외부로부터의 비판	자기 비판
외부로부터의 문제 해결	스스로의 문제 해결
외부로부터의 직무 할당	스스로의 직무 할당
외부로부터의 과업 계획	스스로의 과업 계획
부정적인 관점	긍정적인 관점
조직의 비전에 의존	구성원이 함께 만든 비전에 헌신

결국 셀프리더십은 자신으로 하여금 높은 성과를 올리도록 이끌어 주는 자율적인 힘을 가리키며, 이러한 힘은 셀프 리더가 궁극적으로 달성하고자 하는 목표로서 성공시키는데 필요한 모든 에너지이다. 만츠와 넥(Manz & Neck, 2004)은 스스로에게 영향을 미치는 지속적인 과정이라고도 정의하였다. 특히 만츠(Manz)는 셀프 리더십의 중요성을 설명하면서 구성원들에 대한 모든 통제는 궁극적으로 구성원 스스로가 자신에게 부과하는 자율 통제를 바탕으로 하고 있으며, 이러한 관점에서 "Self"라는 용어를 사용하였다. 통제가 어디로부터 나오든 그 효과는 전적으로 구성원들의 평가와 수용 여부, 의욕에 달려 있다는 것이다.

만츠와 심즈(Manz & Sims)가 제시한 셀프리더십 개념은 심리학의 두 영역에서 연구되었던 두 가지 이론을 배경으로 하고 있다.

첫째, 사회적 인지이론(Social Cognitive Psychology)에서는 개인을 둘러싼 환경에 개인행동의 실천과 변화가 영향을 받는다고 한다. 자신을 관리하고 통제할 수 있는 능력을 스스로 지각하는 것이 중요하며, 개인은 다른 사람을 관찰하고 상상력을 이용하여 학습하는 능력을 통해 당면한 과제를 경험하고 배울 수 있다고 강조한다. 따라서

16) Manz & Sims, The New Superleadership., New York : Berret-Koehler Publishers,2001, p.69.

셀프 리더십에서는 자기 관리의 방법을 "모델링"이라는 행동전략으로 제시하여 자기관리방법을 조직하고 실천할 수 있다고 설명하고 있다.

둘째, 내재적 동기부여이론(Intrinsic Motivation Theory) 혹은 인지적 평가이론(Cognitive Evaluation Theory)이다. 이 이론은 좋아하는 활동을 하거나 과제를 수행하게 되면 "즐거움"이라는 내재적 보상을 받게 되고, 좋아하는 것을 하고 싶어 하는 동기를 스스로 부여한다. 무엇보다도 과업에 대한 내재적 동기 및 보상을 강조하여 내재적 보상 및 외부 보상 두 가지 측면을 제시하고 있다. 내재적 보상에는 능력감, 자기 통제감, 목적감을 들 수 있으며, 이 세 가지 요소가 셀프 리더십에서 강조하는 내재적 보상 전략이다.

▌표 1.9 셀프 리더십의 행동전략

자기목표설정	과제를 달성하거나 행동을 변화시키기 위해 빠르게 성취할 수 있는 하위 목표를 포함한 구체적이고 현실적인 목표를 설정한다.
자기관찰	자신이 무엇을 했으며 타인들은 어떻게 반응을 보였는지를 알기 위해 자신이 표적으로 삼고 있는 자신의 행동을 스스로 관찰한다.
리허설	목표 달성을 위한 행동을 실제로 수행하기 전에 기술을 향상시키고 자신감을 쌓기 위해 스스로 연습한다.
자기보상	어떤 일을 올바르게 해낸 데 대해 스스로 칭찬하고, 어려운 과제의 완성이나 목표 달성에 대해 스스로 보상한다.
자기처벌	부적절한 행동을 하거나 바람직하지 못한 방법으로 행동할 경우 자기비판이나 자기처벌을 한다. 자기반성적 전략으로 자신에게 객관적이고 올바른 피드백을 준다.
자기단서	자신의 바람직한 활동을 촉진시키기 위해 인접한 물리적 환경의 단서를 설치하거나 재배열한다. 바람직하지 못한 행동을 조정하는 단서를 제거하고 바람직한 행동을 조장하는 단서로 대체한다.

한편 최근에 국내에서는 군과 회사 등을 배경으로 셀프 리더십 연구가 이루어지고 있다. 각 연구자들이 제시한 셀프 리더십의 정의는 다음과 같다.

▌표 1.10 셀프 리더십 정의

학자	내용
박성민(2002)	셀프 리더십은 스스로 자신을 이끌어가기 위해서 취하는 책임 있는 행동이다.
정태희(2005)	스스로 자신을 이끌기 위해 취하는 주도적이고 적극적인 행동으로서 자기를 돌아보고 관리하는 능력이다.
이은숙(2000 ; 강규식, 2002 재인용)	셀프 리더십은 스스로를 리드하는데 필요한 행동이나 사고와 관련된 전략이다.
강규식(2002)	사람들로 하여금 높은 성과를 올리도록 이끌어주는 자율적인 힘이다.

참고 셀프 리더십(Self Leadership) 발휘

1. 다른 사람에게 진심에서 우러나오는 관심을 가져라.
2. 미소를 지어라.
3. 이름을 기억하라.
4. 훌륭한 경청자가 되라.
5. 다른 사람의 관심사를 화제로 삼으라.
6. 상대방에게 진심으로 중요함을 느끼도록 해주어라.
7. 칭찬은 직접적이고 구체적으로 하고 실수에 대해서는 간접적으로 지적하라.
8. 완벽한 사람이 되기보다는 인간미가 있는 사람이 되어라.
9. 내가 만나는 모든 사람은 어떤 점에서는 나보다 앞서 있다.
10. 다른 사람이 해 주었으면 하고 바라는 일을 내가 먼저 행하라.

3.15 서번트 리더십[17)]

서번트 리더십(servant leadership)은 서로 대치된 개념인 서번트(servant)와 리더(leader)의 합성어이다. 서번트 리더십은 리더가 구성원의 성장과 발전을 도우며, 그들의 팀워크(team-work)와 공동체 건설을 목표로 하는 리더십을 말한다.

로버트 그린리프(Robert K. Greenleaf, 1970)는 「리더로서의 서번트(The servant as a leader)」라는 책을 통해 서번트 리더십의 개념을 이론적으로 정립했다.

17) 한명진, 서번트리더십 모형을 통해 본 세종과 링컨의 리더십 비교분석, 대전대학교 박사학위논문, 2018, pp.14~24.

그린리프는 헤르만 헤세(H. Hesse)가 쓴 「동방 순례」 라는 책에 나오는 서번트인 레오(Leo)의 이야기를 통해 서번트 리더십의 개념을 설명하였다. 레오는 순례자들의 허드렛일을 하는 인물로, 식사 준비를 돕고 지친 순례자들을 위해 밤에는 악기를 연주하였다. 레오는 순례자들 사이를 돌아다니면서 필요한 것을 살피고, 순례자들이 정신적·육체적으로 지치지 않도록 배려하였다.

그러던 어느 날 갑자기 레오가 사라졌다. 그러자 사람들은 당황하며 피곤에 지쳐 서로 다툼이 잦았다. 비로소 사람들은 레오의 소중함을 깨닫고, 그가 순례자들의 진정한 리더였음을 알게 되었다. 레오처럼 다른 구성원들이 공동의 목표를 이루어 나가는데 있어 정신적·육체적으로 지치지 않도록 환경을 조성해주고 도와주는 리더십을 서번트 리더십이라고 한다. 결국 인간 존중을 바탕으로 구성원들이 잠재력을 발휘할 수 있도록 도와주고 이끌어 주는 것이 바로 서번트 리더십의 요체이다.

▌표 1.11 서번트 리더십 정의

학자	정의
그린리프 (Greenleaf, 1970)	구성원과 소통하고 그들의 요구사항을 만족시키기 위해 봉사하고 헌신하는 리더십
바스 (Bass,1990)	헌신과 자발적 참여를 이끌고 책임감과 주인의식을 고무시키며 구성원을 생각하고 그들이 창조성을 발휘할 수 있는 경험을 쌓게 하고 그들의 발전 및 성장을 위하여 조직의 진실된 공동체 건설을 이루어가는 리더십
슈왈츠 (Schwartz,1991)	서번트 리더십은 보다 새롭게 시작된 핵심적인 리더십으로, 구성원의 목표가 균형을 찾는 가운데 개개인들이 주인의식과 공동체 정신, 자율성 등을 갖추도록 격려하고 하나의 팀원으로서 목표달성을 위한 공감대를 형성하는 것
생게 (Senge, 1995)	모든 인간에 대한 가치와 존엄성에 대한 신뢰와 믿음, 리더의 힘은 구성원으로부터 시작한다는 민주주의적 원칙에 기반 한 리더십
스피어스 (Spears, 1995)	모든 가치와 존엄성에 대한 인간의 믿음에서 시작되며, 리더의 권위는 구성원으로부터 기인하는 민주적 원칙의 리더십
자보스키 (Jaworski, 1998)	서번트 리더의 최종적 목표는 구성원들을 섬길 수 있는 헌신과 봉사임을 확인하고 구성원의 특성과 자원을 찾는 것
심즈 (Sims, 1997)	서번트 리더는 구성원의 가치와 존엄성을 존중하며 그들의 창조적 역량을 일깨워주는 것
보이어 (Boyer, 1999)	서번트 리더는 소통하고 경청하는 리더이며 구성원의 성공을 위하여 권한을 내려놓는 리더십

그린리프(Greenleaf, 1970)는 서번트 리더의 성격을 다음과 같이 설명하고 있다.

첫째, 포용적인 태도로 주의를 기울여서 구성원의 말을 경청한다.

둘째, 구성원의 개별성을 인정하고 행위를 존중함으로써 일체감을 불러일으킨다.

셋째, 업무수행 중에 실패와 좌절을 겪는 구성원을 격려한다.

넷째, 어떤 상황에서든지 도덕적 가치를 준수한다.

다섯째, 구성원을 설득하여 협력적인 상황을 조성한다.

여섯째, 현재 주어진 일이 외에도 앞으로 있을 미래에 대한 꿈을 꾼다.

일곱째, 과거 및 현재에 대한 완벽한 상황 분석을 근거로 향후 결과를 전망한다.

여덟째, 봉사와 청지기 정신을 공감하고 이것을 리더십의 핵심요소로 여긴다.

아홉째, 구성원이 성장할 수 있도록 인큐베이팅한다.

열 번째, 조직 안에 공동체적 환경과 가치관을 개발한다.

서번트 리더십의 하위 구성요소는 다음과 같다.

표 1.12 서번트 리더십의 구성요소

학자	정의
그린리프 (Greenleaf, 1970)	봉사, 존중, 정직, 정의, 공동체 윤리 등의 5가지를 구성요소로 제시
스피어스(Spears, 1995)	공감, 경청, 치유, 설득, 통찰, 인정, 비전의 제시, 청지기 의식, 공동체 형성, 구성원의 성장 등의 10가지를 구성요소로 제시
바부토와 휠러(Barbuto & Wheeler, 2006)	소명의식·감정적 치유, 이타적 소명, 설득, 지혜, 조직의 청지기 정신 등의 5가지를 구성요소로 제시
루단(Luthans, 2007)	소명의식, 공감, 설득, 인지, 경청, 치유, 비전의 제시, 통찰, 구성원의 성장, 청지기 정신, 공동체 형성 등의 11가지를 구성요소로 제시

대표적인 서번트 리더십의 특성요소는 다음과 같다.

첫째, 헌신을 통한 구성원의 성장이다. 헌신은 다른 사람들의 생활에서 효과적인 차이를 만드는 리더의 근본적인 열정이다. 이것은 자기희생적인 목표의식과 부합되는 정신의 결과이다. 구성원의 성장이 목표인 리더들은 자신들의 관점에 앞서 구성원의 소망을 항상 생각하며 구성원의 욕구를 위해 열심히 노력한다.

둘째, 예지력과 비전 제시이다. 예지력이 있는 리더는 일정한 현상과 관련하여 환경 및 배경에 대해 예민하게 관심을 갖고 미래에 대해 예견의 성향을 가지고 있다. 예지력은 유용성과 높은 현실 인식 능력이 결합된 실천력이며 완전한 비전이다.

셋째, 경청과 설득이다. 경청은 리더가 분별 있는 지성적인 이유와 체계를 사용하는 것이다. 설득력이 높은 리더는 구성원에게 적절한 방향과 목표를 제시하여 최상의 목표를 만들어 나가고 이를 구성원이 잘 따르도록 하는 재능이 있다. 결국 리더는 구성원들을 독려하고 구성원들이 행동하도록 하는 일정한 추진력을 가지고 있다.

넷째, 치유와 공감이다. 치유는 어려움과 고통에 처한 구성원들에게 물질적·정신적 치유를 지원하는 리더의 행위를 말한다. 리더는 구성원의 개인적 생각이나 문제점 등의 직·간접적인 고충을 이야기할 수 있는 편안하고 쾌적한 환경을 만들어야 한다. 구성원에 대한 감정적 치유를 통해 소통을 잘하는 능력을 소유한 리더가 되어야 한다.

다섯째, 청지기정신이다. 청지기는 주인의 가사를 책임지는 관리인으로서 주인의 재산관리뿐만 아니라 자녀들의 교육까지도 책임지는 막중한 역할을 담당한다. 즉, 청지기정신은 타인을 섬기는 자세이다. 조직의 성과창출과 함께 구성원들의 성장 혹은 구성원들이 업무를 통해 보람을 찾도록 해주는 것이다. 이를 위해 구성원의 자기발전과 개발을 위해 교육에 참여하도록 지원한다.

한편, 서번트 리더의 기본적 자질은 다음과 같다.

첫째, 보편적 가치를 중요시 여긴다. 서번트 리더는 정직, 신용, 인간 존중, 커뮤니케이션, 공동체 의식, 협력, 공정성, 도덕적 규범 등 신뢰에 영향을 주는 보편적 규범과 행동을 중요시 여긴다.

둘째, 수용적 태도로 경청한다. 서번트 리더는 타인들이 말하고자 하는 것에 귀를 기울인다.

셋째, 타인을 이해하고 수용하기 위해 노력한다. 서번트 리더는 타인을 수용하는 자세가 몸에 배어 있다. 항상 타인의 입장에서 타인을 이해하기 위하여 노력한다.

넷째, 자신을 바꾸고자 한다. 새로운 정보, 지식, 개념에 대해 개방적인 태도를 갖고 있다. 언제라도 새로운 의견을 수용하여 자신의 생각과 행동을 바꿀 수 있는 열린 자세를 유지하고 있다.

다섯째, 특정 정보 및 지식을 개념화시키는 능력이 탁월하다. 구성원들의 의견을 들을 때, 그것을 종합하는 능력이 탁월하다. 구성원의 의견과 정보를 경청하여 여러 가지 정보, 지식, 경험을 하나로 묶어 보다 큰 그림으로 개념화시킬 수 있다.

여섯째, 설득력이 탁월하다. 구성원들에게 자기의 개념을 이해시킬 때에도 자신의 입장보다는 구성원의 입장을 우선시 하여 자신의 생각을 일방적으로 강요하기보다는 자신의 생각을 개념화하여 설득하는 능력이 탁월하다.

일곱째, 공동체 의식을 증진시킨다. 구성원이 공유할 수 있는 비전을 함께 만들며 조직의 핵심가치와 업무에 함께 동참할 수 있도록 한다.

참고 리더가 갖추어야 할 덕목[18)]

1. 리더는 자신의 미션(mission)을 정확히 알아야 한다. 리더는 자신이 하고 싶은 일을 하는 사람이 아니다. 리더는 자신에게 주어진 시대적 소명을 정확히 이해하고 있어야 한다. 즉, "지금 이 자리는 나에게 어떤 일을 하도록 요구하는가?"라는 질문을 던져야 한다. 과거에 어떤 길을 걸어 왔던지 새로운 직책이 요구하는 미션을 정확히 파악하도록 하는 것이 급선무이다.
2. 리더는 확실한 비전(vision)을 제시할 수 있어야 한다. 비전은 미래이자 기회를 뜻한다. 좀 더 나은 미래를 구상하고 실천할 수 있도록 구성원들에게 다양한 기회를 적극적으로 제시하는 리더만이 구성원들의 자발적인 참여를 토대로 조직을 발전시켜나갈 수 있다.
3. 리더는 인재를 알맞은 자리에 배치할 수 있어야 한다. 인재를 적재적소에 배치하여 최고의 성과를 올리는 것이 리더의 임무이다. 이를 위해 핵심 인재를 정확하게 파악하여 그 특성을 진단하여야 그들을 움직일 수 있다.
4. 리더는 타인을 열광시키는 열정이 있어야 한다. 성공한 리더들의 열정과 에너지는 모두를 감탄하게 만드는 경우가 많다. 자신이 원하는 비전을 향해 나아가는 힘과 에너지, 카리스마에서 조직원들은 리더에게 충성을 맹세한다.
5. 리더는 언행일치를 보여야 한다. 리더가 먼저 모범을 보이면 구성원은 리더의 말 하나 하나를 굳게 믿고 따르게 된다.
6. 리더는 감성이 있어야 한다. 감성적이고 부드러운 리더십은 권위적인 남성적인 리더십에서 발견하지 못한다. 구성원을 포용하며 끌어안고 칭찬 및 배려하면서 각자의 장점을 북돋아주고 자발적인 참여를 이끌어내는 것이 감성 리더십이다.

18) 김종현, 콘디의 글로벌 리더십, 일송북, 2007, pp.169-179.

▌표 1.13 전통적 리더십과 서번트 리더십의 차이[19]

범주	전통적 리더십	서번트 리더십
관심영역	• 일의 결과 • 추진 과정	• 일의 추진 시 장애요인 • 추진 시 필요한 지원과 코치
가치관	• 자기중심적 가치관을 가진 감독자 • 자기 기준에 의한 지시와 감독	• 구성원을 믿고 수용하며 개방적 가치를 가진 코치 • 긍정적이고 유머 감각을 갖추려고 노력
사람	• 여러 자원 중의 하나 • 과제가 우선 • 사람은 시켜서 결과를 만들어내도록 하는 대상	• 가장 중요한 자원 • 사람이 우선 • 사람은 도와주어야 할 성공과 성장의 대상
관계의 질	• 복종 • 자신의 이미지 부각	• 존중, 관심 • 함께라는 공동체 이미지 강조
추진방식	• 자기방식 중심으로 추진 • 구성원은 상사의 방식대로 상사가 원하는 것을 원하는 시간에 수행, 상사 중심의 기준	• 추진 방식에 대한 아이디어 구함 • 구성원은 아이디어를 제안하고 검토 및 평가하여 활동 공유
생산성	• 양적인 척도(시간, 경비, 생산량) • 과제 중심의 사고 및 측정 • 결과 중심의 사고	• 구성원들의 자발적 행동 정도 • 자발성에 기초한 권한위임 • 구성원들이 필요한 일을 적기에 수행할 것이라는 믿음
갈등해결	• 갈등과 분쟁에 대한 조정 • 판단자의 입장에서 정리	• 스스로 해결한 과정을 도움 • 구성원들 간의 커뮤니케이션 능력을 육성해줌
시간관념	• 스스로 시간이 없음 • 시간이 없어서 못함	• 스스로 시간을 만듦 • 사람들을 위하여 기꺼이 시간을 할애
경쟁에 대한 시각	• 내부 경쟁을 조장 • 경쟁 메커니즘을 고안하고 활용	• 모두 잘 할 수 있다는 신념 • 커뮤니티를 형성하고 구성원의 성공방안 모색
평가	• 최종 결과 중심의 평가 • 재무적 성과 중심의 사고	• 노력에 대한 평가 • 일의 결과 및 개인 성장의 결과

19) 이관응, 신뢰경영과 서번트리더십, 엘테크, 2002, p.144, 162, pp.281~282.

3.16 여성적(Gender) 리더십

① 개념

세계적으로 1980년대에서 1990년대 초반까지 리더십분야에서 여성적 리더십에 대한 책이 많이 출간되었다. 또한 1995년 중국 북경에서 제4차 유엔세계여성회의가 개최되면서 전지구적 여성의제를 설정하고 새천년을 준비하여 사회의 주류 영역에 젠더를 통합하려는 움직임으로 여성 메인스트리밍(Gender Mainstreaming)전략을 세웠다. 세계 각국을 비롯한 우리나라에서도 이 개념을 도입하여 남성 중심적 사고에서 탈피해 여성 중심적 사고로 옮겨가고 있으며, 여성을 바탕으로 한 정책을 마련하고 있다.

특히, 빠르게 변화하는 지식 정보화 사회는 조직을 비롯한 모든 영역에서 다양한 구성원의 참여를 필요로 하고 있으며, 1995년 제창된 여성 메인스트리밍전략을 통해 조직의 다양성 대상으로 여성적 리더십 개발의 필요성이 부각되고 있다.

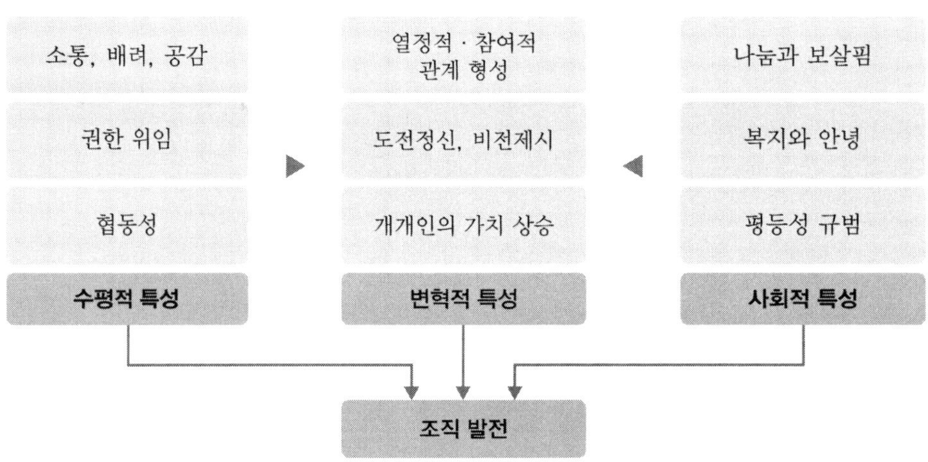

▲ 그림 1.6 여성적 리더십의 특성

▌표 1.14 전통적 리더십과 여성적 리더십

전통 리더십	여성적 리더십
목표 : 통제 명령하달에 의존	목표 : 변화 촉진시킴, 가르침
서열	인간관계
모든 답을 알고 있음	올바른 질문을 던짐
제한과 규제	권한 부여
명령	모범적 행동제시
규율 부과	창의력 평가
수직적 구조	망상구조
존경심을 요구	의사표현과 적극적 행동을 고양
업적 평가	특성 목표를 위한 상호 협조
자동 연공급	능률급
군대식	교사식(Teaching)
직원을 발밑에 묶어 둠	성장 조건을 마련해 줌
벌	상
상하관계	상호교환
해야 할 일을 결정	일 처리에 도움을 줌
한계 설정	비전 제시
폐쇄적	정보=힘, 개방적
훈련 조교	동기부여자
명령과 통제	권한 부여
인간관계 미흡	원만한 인간관계
고지식함	융통성
꼭대기에 위치	한가운데에 위치
비인격적	전인격

② 필요성

여성적 리더십은 기존의 남성적·가부장적·전통적 리더십이 변화하는 환경에 적합하지 못하다는 인식에서 출발한다. 우리 사회의 리더는 곧 남성이라는 고정관념 속에서 여성은 리더로서의 자질이 부족하다는 편견이 존재하였다.

이와 같은 인식 및 편견과는 달리 여성적 리더십의 경우에는 성별에 대한 구분 없이 리더십의 지평을 확장하고자 시도한다. 리더십 구현에 있어 여성적 특징인 친근감, 배려, 관심, 섬세함 등은 현 시대에 필요한 리더십이다. 민주적이고 부드러운 여성의 리더십은 친밀하고 관계 지향적이며 감성과 상상력을 이끌어갈 21세기 사회에서 가장 강력한 경쟁력이다.

권위주의적이고 수직적 구조를 기본으로 하는 남성적 리더십은 횡적으로 다원화하는 현대사회를 조율하는 데 적합하지 못하다는 것이다. 이젠 조직의 형태가 수직에서 수평으로 변화하고 권력이 분산되면서 합의와 참여를 보장하는 의사결정방식의 다양화라는 변화가 필요하다. 이처럼 조직 특성의 변화는 강압적인 방법보다는 구성원의 자발적인 참여와 동기부여를 통해 직접 문제에 부딪쳐 스스로 해결하도록 촉진하는 리더십에 대한 관심으로 이어졌다.[20)]

여성성(Feminine), 감성(Feeling), 상상력(Fiction)이 새롭게 부각되어지는 디지털 시대에는 전통적인 남녀 간의 직업 선택 모델도 변화하고 있다. 또한, 디지털산업의 핵심분야에서도 여성의 능력이 발전을 이끄는 원동력이 되고 있다. 인적 자원의 경쟁력이 과거와 같은 물리적인 힘의 우위성을 강조하기보다는 창의력, 풍부한 감성, 섬세함과 같은 지적능력에 의해 결정되고 있다. 여성적 가치와 여성적 리더십이 새롭게 조명되고 인적자원으로써 여성에 대한 접근은 새로운 시대적 변화에 따른 발로이다.

참고 비전 제시 리더십 5가지 원칙

1. 과정에 도전한다. 개척자가 되어 혁신을 부추기고 새로운 아이디어를 가진 사람들을 지원해준다.
2. 열정적이어야 한다. 공동의 비전을 함께 공유하여 자신의 열정을 통해 타인들을 고무시킨다.
3. 타인이 행동할 수 있도록 지원한다. 팀 플레이어가 되어 타인의 노력과 재능이 제대로 발휘될 수 있도록 지원한다.
4. 모범을 보여준다. 타인이 어떻게 행동할 수 있고 행동해야 하는지에 대해 일정한 역할 모형을 제시한다.
5. 성취했을 때 축하해준다. 리더와 구성원이 서로 감동을 불러일으키고 따뜻한 마음을 함께 모을 수 있도록 한다.

20) 박채복, 지식정보화 사회와 여성적 리더십, 2010, p.162.

제2부
인물 리더십

"제가 잘못했어요." 라는 한마디는 긍정적인 사람들의 말이다. 이 말은 불편한 인간관계로부터 오는 고통을 사라지게 하고 협상을 진행시키며, 논쟁을 끝내고 치유를 시작하고 심지어 적을 친구로 바꾸는 일을 할 수 있다. (리치 디보스)

은혜를 모르는 것은 근본적인 결함이다. 그렇기에 은혜를 모르는 사람은, 삶이라는 영역에서 무능한 자라고 할 수 있다. 타인의 은혜에 감사할 줄 아는 마음, 그것은 건실한 인간의 첫 번째 조건이다. (괴테)

1. 백범[21]

자기주도리더십

1.1 용기의 리더십

용기(勇氣)는 씩씩하고 굳센 기운 또는 사물을 겁내지 아니하는 기개이다. 백범의 일생은 늘 두려움 없는 용기 있는 삶이며, 주위 사람들을 감화시키는 리더십을 지니고 있었다. 민족의 지도자인 리더로 성장한 백범의 용기의 리더십은 어린 시절부터 말년까지 항상 나타난다.

백범은 14세에 「통감」·「사략」을 읽고, 16세에 정문재(鄭文哉)의 서당에서 한학에 정진하며 과거시험을 준비하였으나 본래의 의미가 변질된 과거제도를 직접 경험하면서 그 뜻을 이루어지 못해 크게 실망하였다.

이후 백범은 인생에서 큰 회의감을 느끼지만 자책하고 실의에 빠지거나 부정한 방법을 모색하는 대신 씩씩하고 굳센 모습을 보여준다. 이때 백범이 마음속으로 품은 생각과 아버지와의 대화에서 그의 용기 있는 모습을 엿볼 수 있다.

드디어 나는 과거에 대한 의문이 생기기 시작하였다. 위의 몇 가지 현상만 보아도 과거가 무슨 필요가 있으며 무슨 가치가 있는가? 내가 심혈을 다하여 장래를 개척하기 위해 공부하는 것인데, 선비가 되는 유일한 통로인 과거장의 꼬락서니가 이 모양이니, 내가 시(詩)·부(賦)를 지어 과문육체(科文六體)에 능통하더라도 아무 선생 아무 접장 모양으로 과거장의 대서업자에 불과할 것이니 나도 이제 다른 길을 연구하리라

21) 이진은, 백범 김구의 리더십과 진정성, 청주교육대학교 석사학위논문, 2016, pp.12~27.

결심하였다. 나는 이처럼 과거길에서 불쾌한 느낌과 비관적인 생각만 품은 채 집으로 돌아와 아버님과 상의하였다.

"제가 어떻게든 공부로 입신양명(立身揚名)하여 강가·이가에게 당한 압제를 면할까 하였는데, 그 유일한 방법이라는 과거장의 폐해가 이와 같은 즉, 제 비록 큰 선비가 되어 학력으로 강·이가를 압도하더라도 그들에게는 엽전의 마력이 있는데 어찌하오리까. 큰 선비가 되도록 공부를 하려면 다소의 금전이라도 있어야 하는데, 집안이 이같이 가난하니 앞으로 서당 공부를 그만두겠습니다."

아버님 역시 옳게 여기시고 이렇게 말씀하신다.

너 그러면 풍수공부나 관상공부를 해보아라. 풍수에 능해 명당에 조상을 모시면 자손이 복록을 누리게 되고, 관상을 잘 보면 선한 사람과 군자를 만날 수 있다."

나는 이치에 맞는 말이라 생각되어

"그것을 공부하여 보겠습니다. 서적을 얻어주십시오."하고 부탁하였다.

또한, 백범의 용기는 치하포(鴟河浦) 사건에서도 알 수 있다. 21세에 안악 치하포에 있는 여관에서 명성황후 시해사건의 공범인 일본인 중위 쓰치다(土田壤亮)를 발견하게 된다. 백범은 고민 끝에 쓰치다를 맨손으로 처단하는데 보통 사람처럼 도주하지 않고 의연하고 용기 있는 모습을 보인다. 백범은 그의 살해 의도를 사람들에게 설명할 기회를 잡기 위해 의도된 행동이라고 회고한다.

이화보에게 필기를 갖고 오게 해서 몇 줄의 포고문을 썼다. 먼저 왜놈을 죽인 이유를 "국모보수(國母報讐)의 목적으로 이 왜인을 죽이노라."라고 밝히고, 마지막 줄에 "해주 백운방 텃골 김창수(金昌洙)"라 써서 사람들이 지나다니는 길거리 벽에 붙였다.

그리고 다시 이화보에게 명령하였다.

"네가 이 동네 동장이니 안악 군수에게 사건의 전말을 보고하라. 나는 내 집으로 돌아가서 연락을 기다리겠다. 기념으로 왜놈의 칼은 내가 가지고 가겠다."

살인사건을 저지른 직후의 매우 조급한 상황에서도 백범은 용기 있는 대처로 이 사건은 단순한 살인사건이 아닌 국모보수의 사건으로 자리매김하였다. 치하포사건의 경험은 훗날 민족 전체의 지도자로 추앙받는 백범의 리더십 형성에 좋은 밑거름이 되었다.

참고 인생에서 행운이 넘치게 하기 위한 8가지 방법

1. 불행을 남의 탓으로 돌리지 마라.
2. 어떤 상황이든지 항상 진심을 말하라.
3. 상대보다 내가 무조건 낫다는 생각을 버려라.
4. 감사한 마음을 가져라.
5. 단정한 몸가짐을 가져라.
6. 화는 늦게 낼수록 좋다.
7. 시기(猜忌)를 버려라.
8. 조급하지 말고 평온한 마음을 가져라.

1.2 헌신의 리더십

헌신(獻身)은 몸과 마음을 바쳐 있는 힘을 다하는 것이다. 백범은 항상 주변 사람들을 섬기는 마음으로 헌신하고 존중하였다. 그리고 온화한 성품으로 헌신하면서도 밀어붙여야 할 때라고 결심이서면 과감히 추진하는 강단 있는 면모도 지니고 있었다.

치하포 사건으로 5월 해주감옥에 수감되었고, 7월 인천 감리영(監理營)에 이감되었을 때 일이다. 백범은 죄수들 중 열에 아홉이 문맹인 것을 보고 죄수들을 대상으로 문자 교육을 자처했지만 죄수들은 시큰둥한 반응을 보였다. 이에 백범은 포기하지 않고 헌신적인 자세로 본인이 면회객들로부터 받은 음식을 죄수들에게 나누어 주는 등 정성을 다한다. 처음과 달리 점차 백범의 교육열은 죄수들의 마음을 움직였고, 결국 감옥 전체에 글공부하는 소리가 끊이지 않게 되었다.

또한 억울한 송사에 휘말려 어려움에 빠진 죄수들을 위해 소장(訴狀)을 대서(代書)해 주는 일을 맡아 도움을 주었다. 대서뿐 아니라 부정한 사건이 있으면 상급 관리에게 권계(勸戒)하여 파면시킨 일도 있다.

이처럼 백범의 헌신적인 자세는 동료 죄수들로 하여금 그를 리더로 따르게 하는 원동력이 되었다. 1897년 사형이 확정되었을 때의 일화를 통해 리더로서 백범의 위치를 알 수 있다.

인천옥에서는 사형수 집행을 늘 오후에 끌고 나가서 우각동(牛角洞)에서 교살하던 터이므로, 아침밥과 점심밥도 잘 먹고 죽을 때는 어떻게 할 것인지 준비할 마음도 없이 그냥 있었지만 동료 죄수들의 마음 아파하는 모습은 차마 보기 싫었다. 내게 음식을 얻어먹던 도둑 죄수들과 내게 글을 배우던 감옥 제자들, 내게 소송에 대한

지도를 받던 죄수들이 얼마나 애통해 하며 울던지, 과연 제 부모 죽을 때에도 그렇게 애통해 하였을지 의문이었다.

백범의 상해 임시정부 시절 이봉창의 거사에서도 헌신의 리더십이 나타난다. 백범을 찾아온 이봉창의 포부를 듣고 백범은 '감동의 눈물이 벅차오름을 금할 길이 없다'라는 표현을「백범일지」에 기록했다. 그리고 백범은 이후 수개월간 이봉창의 의거를 위해 정성을 다해 치밀하게 준비한다.

과연 이씨는 의기남자(義氣男子)로 살신성인(殺身成仁)할 큰 결심을 품고 일본에서 상해로 건너와 임시정부를 찾아온 것이었다. 이씨는 나에게 다음과 같이 자신의 포부를 털어놓았다.

"제 나이가 31세입니다. 앞으로 다시 31년을 더 산다 해도 과거 반생에서 맛 본 방랑생활에 비한다면 늙은 생활에 무슨 취미가 있겠습니까? 인생의 목적이 쾌락이라면 31년 동안 인생의 쾌락은 대강 맛보았습니다. 그런 까닭에 이제는 영원한 쾌락을 얻기 위하여 우리 독립사업에 헌신하고자 상해에 왔습니다."

나는 이씨의 위대한 인생관을 보고 감동의 눈물이 벅차오름을 금할 길이 없었다. 이봉창은 공경하는 의지로 나에게 국사에 헌신할 지도를 요청하였다. 나는 그의 뜻을 쾌히 승낙하였다.

백범의 오랜 꿈은 독자적인 군대를 조직하여 일본과 싸우는 것이었다. 그러나 타국에서 임시정부로 독립군을 조직하는 것은 어려운 일이었다. 이에 백범은 임시정부가 광복군을 편성하여 한·중 연합군으로 중국군과 함께 연합 작전을 전개하고 중국 정부에 대한 인준과 소요되는 재정적 지원을 요구하는 내용이 담긴 계획서를 제출하여 장개석의 승인을 받아내는데 성공한다. 이후 광복군은 중국 국민당과 합작하여 독립을 위해 연합군의 일원으로 큰 역할을 수행한다.

비록 타국에서 작은 규모로 창설한 광복군이지만 우리 독립운동사에서 큰 의미를 지니고 있다. 훗날 일본의 항복에 따라 광복군이 그 역할을 하지 못한 것에 대해 다음과 같이 기술하고 있다.

축주석은 놀라는 듯 자리에서 일어나 "중경에서 무슨 소식이 있는 듯하다"며 전화실로 급히 들어가더니, 뒤이어 나오며 "왜적이 항복한답니다."고 하였다. 이 소식은 내

게 희소식이라기보다는 하늘이 무너지고 땅이 꺼지는 일이었다. 수년 동안 애를 써서 참전을 준비한 것도 모두 허사로 돌아가고 말았다. 서안훈련소와 부양훈련소에서 훈련받은 우리 청년들을 조직적·계획적으로 각종 비밀무기와 전기(電器)를 휴대시켜 산동반도에서 미국 잠수함에 태워 본국으로 침입하게 하여 국내 요소에서 각종 공작을 개시하여 인심을 선동하게 하고, 전신으로 통지하여 무기를 비행기로 운반하여 사용할 것을 미국 육군성과 긴밀히 합작하였다. 그런데 그러한 계획을 한번 실시해 보지도 못하고 왜적이 항복하였으니, 지금까지 들인 정성이 아깝고 다가올 일이 걱정되었다.

1.3 신념의 리더십

신념(信念)은 굳게 믿는 마음이다. 사람은 마음먹은 만큼만 성취할 수 있다. 그렇기 때문에 신념은 성취를 가져오는 원동력이다. 신념의 상태에 따라 말과 행동, 습관과 운명이 변화한다.

백범은 우리나라가 자주 독립할 수 있다는 신념을 가지고 있었다. 그렇기 때문에 모진 고난을 이기고 승리할 수 있었던 것이다. 백범은 평생을 조국독립을 신념으로 삼으며 살았다. 백범은 인생 말년에 「백범일지」 하권을 집필하고 난 후 자신의 일생을 회고하는 글에서도 여전히 자신의 굳은 신념을 강한 어조로 표명하고 있다.

어떤 사람이 나에게 "어떻게 죽기를 원하는가?" 물으면, 나의 최대 소원은 독립이 성공한 후 본국에 들어가 입성식(入城式)을 하고 죽는 것이며, 작은 소망은 미주·하와이 동포들을 만나보고 돌아오다 비행기 위에서 죽으면 시신을 아래로 던져, 산중에 떨어지면 짐승들의 뱃속에, 바다 가운데 떨어지면 물고기 뱃속에 영원히 잠드는 것이다.

중경에 임시정부의 터를 잡을 무렵 한국독립당을 재정비하는 과정에서도 백범의 신념의 리더십은 중요한 역할을 했다. 백범은 몇 가지 일을 우선적으로 추진했는데 그 중 하나가 바로 독립운동단체의 통합문제이다. 이 과정에서 백범의 신념이 잘 나타난다.

나는 조완구·엄항섭 등 국민당 간부들을 불러 모아 통일문제를 토의하였다. 그런데 그들의 견해는 나와 정반대였다. 간부는 물론이고 국민당 전체 당원뿐 아니라 조선혁명당·한국독립당 양당도 모두 연합통일을 주장하였다. 그 이유는 주의가 같지 않

은 단체와 단일조직은 불가능하다는 것이다. 나는 각 당이 자기 본체를 그대로 두고 연합조직을 만든다면, 통일기구 안에서 각기 자기 단체의 발전을 도모할 터이니, 도리어 마찰이 더욱 심할 것으로 생각하였다. 또한 그 전에는 사회주의자들이 민족운동을 반대하였으나, 사회운동은 독립 완성 후 본국에 가서 하고 지금 해외운동은 순전히 민족적으로 국권의 완전 회복에만 전력하자고 극력 주장하니, 나는 단일조직을 만들 수 있을 것으로 생각하였다.

참고 인간관계 개선을 통한 동기부여

1. 서로 사랑을 표시하며, 매력을 느끼도록 해주어라.
2. 경쟁자가 아니라 단점을 보완해주는 역할을 하라.
3. 상대방을 위해 희생하는 것이 아니라 봉사하는 마음을 갖자.
4. 상대의 마음을 붙잡아 주는 관계이여야 한다.
5. 상대의 일이 잘되게 도와주어라.
6. 갈등은 최대한 빨리 해결하라.

2. 김만덕[22)]

자기주도리더십

2.1 도전의 리더십

「정조실록」에 따르면 김만덕의 생애는 다음과 같다.

> *"제주 기생 만덕이 재물을 풀어서 굶주리는 백성들의 목숨을 구하였다고 목사가 보고하였다. 상을 주려고 하자, 만덕은 사양하면서 바다를 건너 상경하여 금강산 유람하기를 원하였다. 허락해 주고 나서 연로의 고을들로 하여금 양식을 지급하게 하였다."*

이가원(1984)의 「이조한문소설선」에 수록된 체제공의 「만덕전」을 살펴보면 다음과 같은 내용이 수록되어있다.

> *"만덕의 성은 김이니, 탐라에 살고 있는 양가의 딸이었다. 그는 어릴 때에 어머니를 여의고는 의탁할 곳이 없어서 스스로 기생노릇을 했다. 조금 자라나자 관가에서 만덕의 이름을 기안(妓案)에 올렸다. 만덕은 비록 머리를 숙이고 기생 노릇을 할망정 그는 여느 기생으로 자처하지 않았다. 그는 나이가 스무 살이 되자 울며 그의 정지(情地)를 관가에 하소연했다. 관가에서 가긍히 여겨서 기안에서 그이 이름을 뽑아서 다시금 양가로 들렀다. 만덕은 비록 살림살이를 차려서 탐라의 사내들을 머슴으로*

22) 박미선, 여성적 리더십 사례 연구, 숙명여자대학교 석사학위논문, 2013, pp.29~39.

거느리기는 했으나 남편으로 맞이하지 않았다……. 만덕은 드디어 배를 타고 만경의 푸른 바다를 건너서 병진년 가을에 서울에 들어와서 채상국을 한두 번 만났다. 상국은 그 사실을 임금께 여쭈어서 선혜청에 명령하여 달마다 식량을 대주었다. 그런지 며칠 만에 그로써 내의원 의녀를 삼아서 모든 의녀의 반수(斑首)에 두었다.”

위의 글을 통해 알 수 있듯 김만덕은 기존의 제도와 질서에 순응하지 않고 맞설 수 있는 용기와 도전정신을 갖춘 인물이며, 성과 신분의 한계에서 벗어나 스스로 삶을 기획하고 선택했던 주체적인 인물이다.

김만덕은 평생 독신으로 살았는데 조선시대 노비나 기녀가 아닌 여성이 독신으로 산다는 것은 거의 있을 수 없는 일이었다. 즉, 결혼을 통해 남편의 그늘에서 편하게 살기보다는 자신에 대한 높은 자존감과 자신이 속한 사회의 제도를 넘어설 수 있는 결단력을 바탕으로 독자적 삶의 영위했다.

2.2 수평의 리더십

당시에 최하층의 신분을 가진 김만덕이 성공적인 리더십을 발휘할 수 있었던 것은 ‘소통’, ‘배려’, ‘공감’과 같은 수평적 리더십 때문이다. 조선시대라는 신분사회에서, 최하층의 신분을 가진 리더가 자신보다 높은 신분의 사람을 이끌기 위해서는 구성원들의 자발적인 참여가 필요했다. 그녀의 위치에서 이룩한 거상으로서의 성공은 그녀의 수평의 리더십에 기인한 당연한 결과이다.

김만덕은 소통, 배려, 공감과 같은 수평의 리더십을 바탕으로 참여적 관계를 유지하고, 권한을 위임하였다. 그녀는 여자 기생이라는 당시의 한계를 극복하고 거상(巨商)을 넘어 덕상(德商)이 될 수 있었던 것은 여인으로서 최하층의 신분으로서 사회와 관습에 주눅 들지 않고 수평 리더십을 잘 발휘한 결과이다.

김만덕은 부를 축적하는데 있어 상 윤리와 도덕을 지키는데 어긋남이 없었다. 제주도민은 만덕의 객주를 통해 육지의 물건을 손쉽게 얻었고 제주물건도 정당한 시세로 팔 수 있어서 제주도민의 이익 증진에도 부합하였다. 즉, 김만덕은 객주를 차린 후에 강진, 영암, 나주 등 전라도 지역과 제주를 오가며 가격 차이가 심한 물건을 직접 사다가 파는 방식을 통하여 사업을 확장시켰다. 여기에서 제주도민 더 나아가 기녀와 양반층 부녀자들이 큰 조력자였다.

또한, 1794년(정조 18년)에 제주에 대기근이 들자 '천금'을 풀어 육지에서 쌀을 구입해 오도록 하고 이를 주민들에게 나누어 주었다. 김만덕은 막대한 부를 가졌지만 자신은 늘 검소하게 생활하였는데, "풍년에는 흉년을 생각해 절약하고, 편안하게 사는 사람은 고생하는 사람을 생각해 하늘의 은덕에 감사하면서 검소하게 살아야 한다."라는 것이 생활철학이었다.

이후 김만덕은 금강산 구경을 마치고 돌아온 후에도 사업을 계속하였고, 검소한 생활을 잊지 않았다. 헐벗은 사람에게 옷을 주고, 굶주린 사람에게 쌀을 주는 등의 자선사업에 주력하였다. "재물을 잘 쓰는 자는 밥 한 그릇으로도 굶주린 사람의 인명을 구할 수 있지만, 그렇지 않으면 썩은 흙과 같다."라는 김만덕의 생각 속에서 그녀가 재물의 가치를 어떻게 평가하고 있었는지 가늠해 볼 수 있다.[23] 이런 생활신조 속에서 자연스럽게 김만덕의 수평 리더십이 발휘될 수 있었다.

참고 믿음의 페이지

1. 나는 정직하다.
2. 나는 겉과 속이 똑같다.
3. 나보다 타인에게 필요한 것을 먼저 생각한다.

23) 양성국 외 1인, 김만덕의 기업가정신에 대한 연구, 경영사학 제27집 제2호, 한국경영사학회, 2012, pp.238~251.

3. 세종대왕[24)]

자기주도리더십

3.1 솔선수범의 리더십

리더의 솔선수범은 구성원의 지적 성취를 자극하는 것으로 모범적인 직무수행과 실천을 통한 교육 등을 의미한다. 솔선수범은 리더십의 왕도이다. 따라서 리더의 솔선수범은 조직의 목표를 가장 효과적으로 도달시킬 수 있는 첩경이다. 조선 세종은 대표적인 솔선수범의 리더이다. 세종의 승하시 사람들은

> *"천성이 배우기를 게을리 하지 않아 손에서 책이 떠나지 않았다. 즉위한 후에는 매일 새벽 두시 경이 되면 옷을 입고, 날이 환하게 밝으면 조회를 받고, 정사를 보고, 윤대를 행하고, 경연에 나아가기를 하루도 게을리 하지 않았다."*

라고 기록하고 있다. 세종의 솔선수범 모습을 단적으로 보여주는 기록이다.

또한 1420년(세종 2년)에 설치된 집현전은 1456년(세조 2년)에 폐지될 때까지 37년 동안 운영되었고, 그 사이에 집현전에 근무했던 학사와 관원은 총 100명이 넘었다. 37년 동안 양성되고 배출된 인재들은 조선 전기의 학문과 정치를 이끌어가는 주역이 되었다. 세종은 집권 초기 10년 동안을 집현전에 투자했고, 이후 10년 동안은 그 성과를 거두었다. 세종은 먼저 밤을 새워 책을 읽고 공부했던 책의 목록을 신하들을 불러 한 차례 보여 주었다. 세종이 읽은 책을 공개한 것은 자랑하기 보다는 신하들을 독려하기 위함

24) 최남석, 세종대왕의 리더십 이론, 인천대학교 석사학위논문, 2017, pp.9~30.

이었다. 또한 권농의 의무를 강조했다.

> *"국왕이 해야 할 첫 번째 일은 세금을 걷는 것이 아니라 굶주리는 백성을 구제하는 일이라고 말하며 백성을 나라의 근본이요, 밥은 백성의 하늘이다."*

이에 경복궁 후원에 밭을 만들어 보리씨를 뿌리고 손수 거름을 주며 날마다 작물의 생육을 관찰했다. 신하들은 세종의 이런 모습에 놀라 말렸지만 세종은 일을 진행하려면 스스로 모범을 보여야 한다고 했다. 결국 이를 농사의 기록으로 남겨 각 고을 수령에게 전달했다.

3.2 소통의 리더십

한글은 말과 글이 서로 달라 어려움을 겪고 있는 백성의 입장에서 소통하려 했던 노력의 일환으로 만들어진 문자이다. 훈민정음의 서문에는

> *"나랏말씀이 중국과 달라 한자와 서로 통하지 아니하고 우매한 백성들이 말하고 싶은 것이 있어도 마침내 제 뜻을 잘 표현하지 못하는 사람이 많다. 내 이를 딱하게 여기어 새로 28자를 만드나니 사람들로 하여금 쉬이 익히어 날마다 쓰는데 편하게 할 따름이라."*

이라 나와 있다. 세종의 백성에 대한 소통·공감의 리더십이 한글창제로 이어졌다. 세종은 문자라는 권력을 백성에게 이양하여 백성의 수준을 높이려 했다. '백성이 나라의 근본'이라는 수사학 차원의 유교적 덕목이 아닌 이를 실제 상황으로 만들기 위해 백성의 수준을 높이려 했다.

또한, 세종은 소통을 위해 늘 경청을 강조했다. 세종의 어전 회의 규칙은 다음과 같다.

첫째, 곧은 자세로 회의에 임하라. 세종은 신하들에게 어전에서 땅에 엎드리지 말라고 지시했다.

둘째, 국왕의 잘잘못을 모두 직언하라. "상서(祥瑞)를 만나면 상서를 말하고, 재변(災變)을 만나면 근심과 두려움을 말하는 것이 옳다."라고 했다.

셋째, 긴급 사안 발생 시 한 자리에 모여 의논하라.

넷째, 소수의 의견도 끝까지 경청하되, 한 사람의 말만 가지고 결정해서는 안 된다.

다섯째, 모든 말을 다 듣되 그대로 따르지는 말라.

여섯째, 좋은 의견이 나오면 힘을 실어주어 정책화한다.

이러한 규칙 하에 어전 회의가 이루어졌고 신하들과의 의사소통을 할 때 세종은 '그래 경 말이 옳다. 그러나' 하면서 신하들의 말을 다 듣고 일단 수긍하되 곧이어 자신의 말을 주장했다. 왕과 신하의 쌍방향 의사소통을 통해 상대방에게 공감을 표현하고 왕 자신은 공신력을 확보했다.

소통의 리더십에 빼놓을 수 없는 일화가 바로 1432년 12월 초 파저강(婆猪江)지역의 오랑캐 추장 이만주(李滿住)의 침략이다. 당시 이만주가 400여 기(騎)의 군대를 이끌고 여연 지역에 침입해 53명을 죽이고 100여 명을 납치해갔다는 보고가 올라왔다. 이에 세종은 긴급회의를 소집하여 대마도정벌처럼 대의(大義)로 결단하고 여진족을 토벌해야 한다고 주장했다. 처음에는 반대하던 신하들 중 황희도 "치욕을 당하고 잠자코 있는 것은 불가하다"는 쪽으로 바뀌었고, 세종은 북정(北征)을 결정했다. 그러나 당시 최고의 군사 전문가인 최윤덕은 적지를 준비 없이 공격해서는 안 된다고 말했다. 이 과정에서 세종은 무려 39차례나 회의를 열어 토벌시 발생할 수 있는 문제점을 논의하고 대비하게 했으며 철저한 현지조사를 통한 여진족의 거주지와 지리조건을 확인하며 최윤덕을 설득했고, 최윤덕은 입장을 바꿔 1433년 4월 19일 새벽에 일곱 방향으로 기습공격해 여진족 183명을 참살하고 248명을 생포했다. 파저강 토벌은 훗날 4군 6진 개척의 토대를 마련했다.[25] 일방적으로 신하에게 명을 내리는 것이 리더가 아니라 함께 의견을 조율하고 소통하는 관계임을 알 수 있는 대목이다.

3.3 인재 경영 리더십

세종은 인재에 대해 다음과 같이 생각했다.

"'옛사람이 이르기를 어느 시대인들 사람이 없으랴.'고 하였거니와 지금도 역시 사람은 반드시 있을 것이로되, 다만 몰라서 못쓰는 것이다."

25) 박현모, <박현모의 세종이 펼친 '진짜 정치'>, 문화일보, 2018년 10월 24일.

인재는 도처에 널려있지만 정작 믿고 일을 맡길만한 인물을 구하는 일은 쉬운 일이 아니다. 당시 조선시대 초기만 하더라도 조금 쓸 만하면 고려에 대한 단심(丹心)을 버리지 못하고 있거나, '왕의 난'으로 숙청되었거나, 죄를 뒤집어쓰고 있는 경우가 많았다.

이에 세종은 그 해법으로 과거제도를 이용했다. 과거시험 문제로 현재 조정의 난제를 털어놓고 신선한 아이디어를 듣는 것이다. 과거제도 개선책에서부터 세제개혁의 방법에 이르기까지 다양한 주제를 제시했다.

특히, 세종은 인재경영에서 일관되게 장점을 강조했다. 언관들이 황희와 김종서 등을 집요하게 공격했지만, 공적을 이룰 때까지 그들을 보호하면서 기다렸다. '뛰어난 인재'라는 확신이 있으면 공적에 의해 그들의 허물이 극복될 수 있다고 보았다.

"뇌물죄나 횡령죄를 범한 관리의 자손일지라도 진실로 현능하다면 등용하게 하라."

"그 사람이 어질다면, 비록 사립문과 개구멍에 사는 천인이라도 공경이 될 수 있다."

이 말은 뇌물을 받거나 도덕적인 지탄을 받는 사람이라도, 신분이 천한 사람이라도, 사람 됨됨이가 반듯하고 일을 제대로 할 수 있다면 문제 삼지 않는다는 뜻이다. 천출이었던 장영실을 등용해 조선 초기 과학을 성장시켰고, "탐오(貪汚)한 죄"로 탄핵을 받은 조말생을 중용해 북방영토 경영을 돕도록 했으며, 사람됨이 거칠어 사리를 잘 분별하지 못한다는 평을 받았던 「삼강행실」의 편수 책임자 설순 등이 대표적인 사례이다.

"첫째는 인재를 알아보지 못하는 것이요, 그 둘째는 인재를 절실하게 구하지 않기 때문이요, 그 셋째는 국왕과 인재의 뜻이 합치되지 못할 경우이다(강희맹, 사숙재집)."

고 말했다. 인재등용의 요체는 왕의 마음가짐으로 보았다. 세종은 왕이 절실한 마음으로 비록 합치되지 못하더라도 나라를 위해 쓸 수 있다면 인재는 얼마든지 구할 수 있다는 것이다. 세종의 인재들은 황희, 맹사성, 허조, 류관, 이종무, 김종서, 최윤덕, 정초, 이순지, 박연, 장영실, 신숙주, 성삼문, 정인지, 이수, 윤희, 변계량 등이다. 세종은 "나는 작은 벼슬을 제수할 때에도 온 마음을 기울여 고른다."고 했다. 우리나라 황금인재시대를 이끈 세종의 인재경영 리더십을 알 수 있는 대목이다.

4. 정기룡[26)]

자기주도리더십

4.1 충의 리더십

임진왜란이 끝난 후, 일본군과 싸워 큰 공이 있는 사람에게 그 공의 정도에 따라 수훈을 메기는 관청인 공신도감(功臣都鑑)에서 정기룡장군의 이름이 빠지자 주위에서 "이것은 잘못한 논공행상이다. 상소를 올려 억울함을 호소해라."라고 하자 장군은

> *"전공을 내세워 공훈이나 상을 바라는 것은 군자의 모습이 아니며, 나라를 위해 싸운일에 무슨 공명심이 있으랴?"*

라고 하였다. 그 뒤로부터 사람들은 중국 후한 광무제때의 명장 풍이(馮異)장군이 큰 공을 세우고도 겸손하여 자기 공을 내세우지 않고 다른 사람들이 논공에 열을 올릴 때 큰 나무 밑에서 뒷짐 지고 있었던 풍이장군을 비유해 대수장군(大樹將軍)이라 불렀는

26) 정기룡장군은 1562년 경남 하동군에서 출생하여 1580년 고성현 무과 향시에 급제한 후 1586년 무과에 4등으로 급제하였고, 이날 무과 시험장에 배석한 선조로부터 기룡(起龍)이라는 새 이름을 하사 받았다. 이후 경상우도 병마절도사 신립의 휘하에서 봉직하고 훈련원 봉사로 재직했다. 그러다가 31세인 1952년 4월 임진왜란이 발발하자 우방어사 조경장군의 군관으로 자원하여 전쟁에 참전했다. 임진왜란에서 60전 전승을 기록하며, 큰 족적을 남겼으며, 임진왜란 이후에도 1601년 경상도방어사·김해부사·밀양부사를 거쳐 중도(中道)방어사에 오르고, 용양위부호군 겸 오위도총부총관·경상좌도병마절도사 겸 울산부사가 되어 나라 지키기에 여념이 없었다. 1605년 선무 1등 공신으로 추서되었으며, 1610년 상호군(上護軍)에 승진되었고, 1617년 정2품인 삼도수군통제사에 임명, 이듬해 1618년 종1품 승록대부로 승차되었다. 1622년 2월 28일 삼도수군통제사로 재직 중 본영인 통영에서 순직했다.(이태승, 정기룡 장군의 리더십 연구, 건양대학교 석사학위논문, 2014, pp.17～25)

데, 정기룡 장군을 여기에 비유하여 대수장군이라 불렀던 것이다.

이처럼 정기룡장군은 국가, 왕, 윗사람 등을 위해 몸과 마음을 다하는 충 정신을 바탕으로 임진왜란에서 임전무퇴(臨戰無退)로 큰 승리를 거두었다. 이것이 바로 정기룡장군의 충의 리더십이다.

4.2 용기의 리더십

정기룡 장군의 용기의 리더십은 "육체적 용기"와 "도덕적 용기"로 나뉜다.

정기룡 장군의 "육체적 용기"에 해당하는 죽음을 무릅쓴 임전무퇴의 사례가 많다. 대표적으로 1592년 4월 28일 낮 금산전투장(김천시 지례면 부근)에서 상관인 조경장군이 사로잡혀 끌려간 것을 알고 돌격대장 정기룡장군은 조총으로 무장한 11,500명의 적진영을 뚫고 들어가 적군을 참살하고 상관을 옆구리에 끼고 탈출하였다. 이 구출작전의 의의는 다음과 같다. 첫째, 연전연패로 실의와 좌절감에 빠져있던 조선군들로 하여금 우리도 이길 수 있다는 자신감을 불러 일으켰다. 군사의 사기가 중요한 시점에 일군 중요한 사건이다. 둘째, 백성들에게는 적군으로부터 능욕 당해 온 것에 대한 설욕감을 주는 역할을 했다. 국토를 유린한 적군에게 일방적으로 당하기만 하던 시기 설욕을 해 주었기 때문에 백성들의 사기에도 매우 중요한 기여를 했다.

다음으로 "도덕적 용기"는 어떠한 압력에도 원칙과 명분을 지키는 배짱이다. 이 사례는 1958년 10월 합천군 야로현에서 적과 대치하며 군량미가 떨어졌을 때 일이다. 정기룡 장군은 군량미를 확보하기 위해 합천군수를 만났는데 이때 군수는 "합천군에는 군량미는 없고 감영의 쌀 400여 섬이 있는데 이 쌀은 상사의 쌀이므로 마땅히 감영에 보고한 후 회보를 기다려야 한다."며 고집스럽게 거부하였다. 이에 군대의 사기와 전투 지속을 위해 정기룡장군은 "전쟁에 관한 일이 매우 급한데 어떻게 머물러서 기다릴 수 있겠는가!"하고는 합천군수 오운을 잡아 곤장을 쳤다. 오운군수는 크게 사과하며 곡식 300여 섬을 내어줬다. 이후 전투에서 왜적 수급 40을 베는 등 대승을 거두었다. 정기룡장군이 군량미를 확보하기 위해 했던 일은 도덕적 용기이다. 의(義)를 중시하는 사람이 상관을 다스리는 일은 어려운 일이다. 그러나 사사로운 인정 보다는 공적 이익을 우선시하였던 것이다. 이처럼 도리에 어긋나거나 이치에 맞지 않으면 아무리 친분이 있고 사랑하는 사람이라도 죄를 엄격히 물은 정기룡장군의 행동은 진정한 도덕적 용기라고 할 수 있다.

4.3 책임의 리더십

정기룡 장군은 임진왜란 기간 중 모든 전쟁에서 단 한 번도 패한 적이 없는 명장이다. 매 전투에 임할 때 마다 예리하고 냉철하게 피아(彼我)를 분석하고, 적절하게 주변 환경과 지형지물을 이용하는 한편, 싸워 이길 수 있는 조건을 만들어 놓고 전투에 임했던 것이다. 전장에서 보여준 정기룡 장군의 책임리더십은 다음과 같다.

▌표 2.1 정기룡 장군의 책임 리더십[27)]

구분	내용
전장 리더십	• 전투 전 사전 정찰로 면밀하고 치밀한 계획 수립 • 지형, 지세, 장애물 등 최대한 이용 • 소수 정예부대로 적 유인 격멸 • 기병대로 기습공격 감행, 전장 주도권 장악 • 전장의 템포와 공격 기세 유지 • 적의 취약점에 병력 집중 • 철두철미한 전장 분석 • 전투방법 구상, 구체화 • 과감한 전투수행으로 승리 • 적의 취약점 최대한 공격, 아군의 강점 적극 활용
뛰어난 지위 통솔력	• 전투에선 언제나 선봉으로 용맹스럽게 지휘 • 불리한 상황에서도 전혀 동요 없이 장병들과 백성들을 배려하는 마음으로 그들을 스스로 움직이게 함
위국헌신	• 당파에 연연함이 없이 오직 구국일념으로 전장에 임함
무지원하에서 전승	• 나라로부터 의복과 식량, 무기 등을 지원받지 못하는 최악의 상황에서도 불평과 불만을 하지 않음 • 조총 앞에서도 의연 • 왜군이 있는 곳이면 망설임 없이 선제공격
적 무기체계의 재원, 운용 요령 숙지 후 대응	• 조총의 유효사거리 50보 제원 • 조총 사격술의 취약점 이용(발사까지 30초 소요), 기병의 양익포위 공격을 통한 속전속결로 승리
피아분석을 통해 승리에 기여	• 기습공격으로 전장의 주도권 장악 • 공격기세 유지 • 유인격멸(결정적 지점에 병력 집중 배치) • 적 취약점을 찾아 틈새 공략 시도로 이소제대(以小制大)의 경제적·효율적 전투 시행

27) 정홍기, 영웅은 죽지 않는다, 채운재, 2011.

5. 링컨[28]

자기주도리더십

5.1 비전의 리더십

링컨은 노예해방을 전략적 차원을 넘어서서 혁명적인 목표를 천명한다. 1863년 11월 19일 게티스버그 연설에서 그는 비전을 다음과 같이 제시하고 있다.

> *"지금부터 87년 전 우리의 조상들은 이 대륙에 자유를 신봉하고 모든 사람은 평등하게 창조되었다는 명제에 헌신하는 새로운 국가를 탄생시켰습니다. 지금 우리는 거대한 내전을 치르고 있고 우리 선조들이 세운 국가가, 자유에 기반하고 평등을 떠받드는 그 국가가 과연 이 지상에 존재할 수 있는지 없는지를 시험 받고 있습니다. 오늘 우리는 남과 북 사이에 있었던 전쟁터 한가운데에 모여 있습니다. 우리는 목숨을 바쳐 이 나라를 살리신 이들을 위해 마지막 안식처가 될 수 있도록 이 전쟁터의 일부를 봉헌하고자 이곳에 왔습니다. 마땅히 우리가 해야 할 일입니다. 그러나 광의에서 보면, 우리가 이곳을 봉헌하거나 신성하게 할 수는 없습니다. 숨을 거두었거나 혹은 생존해 있거나 이곳에서 목숨 바쳐 싸웠던 그 용감한 분들이 이 곳을 고귀하게 만든 이유 때문입니다. 우리의 왜소한 힘으로는 그 위에 보태거나 뺄 수도 없습니다. 그분들의 죽음을 헛되이 하지 않을 것을 굳게 다짐합니다. 하나님의 사랑 아래 우리 국민은 자유를 새롭게 탄생 시켜야 합니다. 그리고 국민의, 국민에 의한, 국민을 위한 정치가 지구상에서 사라지지 않도록 해야 합니다."*

28) 한명진, 서번트리더십 모형을 통해 본 세종과 링컨의 리더십 비교분석, 대전대학교 박사학위논문, 2018, pp.71~88.

게티스버그 연설은 자유를 신봉했던 선조들이 미국이라는 나라를 건국했고 그 자유에 기반하고 평등에 기초하지 않은 국가는 존재할 수 없다는 점과, 남북전쟁의 폐허 속에서 희생한 사람들의 과업인 노예해방과 하나로 통일된 연방국가를 이루어야 한다는 소명의식 속에서 모든 국민들이 자유와 평등이라는 슬로건 아래 "국민에 의한, 국민을 위한, 국민의 정치"임을 링컨의 목표이자 비전으로 제시했다.

링컨은 독립선언서의 명제를 바탕으로 백인과 흑인을 포함한 모든 국민들의 평등과 자유를 선언하였고, 미국의 궁극적인 목표였던 "연방 보존에 새로운 자유와 평등의 원리"를 확대시켰다. 링컨의 연설문에는 "모든 사람은 평등하게 태어났다."는 가치에 대한 강조가 나타난다. 남북전쟁에서의 노예해방선언은 단순한 흑인을 전쟁이 참여시켜 전세를 유리하게 이끌겠다는 전략적 차원이 아닌 링컨의 비전이 온 세계 인류에 보편적 호소력으로 작용한 것이다.

5.2 관용의 리더십

링컨은 대통령이 되기 전부터 강압적인 명령이 아니라 헌신을 바탕으로 한 칭찬과 설득의 정신인 관용을 강조했다. 1842년 스프링필드 워싱턴 금주회(Springfield Washington Temperance Society)에서 링컨은 다음과 같이 연설했다.

> *사람의 행동은 어떻게든 영향을 미칩니다. 그러므로 설득, 친절, 칭찬, 그리고 상대방을 배려하는 겸손한 테도기 필요합니다. 한 방울의 꿀은 한 동의 쓸개즙보다 더 많은 파리를 잡는다는 말은 진리 중의 진리라 생각합니다. 사람의 경우도 마찬가지입니다. 만약 당신이 당신의 대의를 다른 사람들이 따르게 하려면 먼저 당신이 그의 진정한 친구라는 것을 확신시켜야 합니다. 다른 사람의 마음을 사로잡는 한 방울의 꿀은 그의 마음을 자극하는 수단입니다. 일단 다른 사람의 마음만 얻게 된다면 당신의 대의가 정당하다고 그를 확신시키는 데 아무런 문제가 없습니다. 반대로 다른 사람을 명령하고 지배하고 나아가 강요를 해보십시오. 그러면 그는 자신의 진실한 생각과 의견을 감출 것이고 마음을 닫아 버릴 것입니다.*

링컨은 사람들이 자신에 대해 긍정적인 말을 하거나 칭찬하는 것을 좋아한다는 점을 알고 있었다. 또한 남북전쟁의 승리를 눈 앞에 둔 상황에서 전쟁의 책임을 따지는 것은 일반적인 일이다. 그러나 링컨은 이 전쟁의 책임이 누구에게 있는지를 문제 삼지 않았다. 그러면서 국민들에게 악의를 멀리하고 용서와 관용으로 새로운 시대를 맞이하자고 호소했다. 1865년 4월 링컨의 두 번째 취임식 연설문은 다음과 같다.

> *그 누구에게도 악의를 가지고는 대하지 맙시다. 모든 사람을 사랑합시다. 하나님이 우리에게 정의를 보여 준 것과 같은 정의에 대해 확신을 가집시다. 이제 우리 이 전쟁을 끝내는데 최선을 다합시다. 이 나라가 입은 상처를 동여맵시다. 전쟁으로 사망한 사람, 그의 아내, 그의 아들을 돌봅시다. 그래서 우리들 사이에서 나아가 모든 나라에서 정의롭고 영원한 평화가 달성되고 지속될 수 있도록 모든 일을 합시다.*

리더가 마음이 좁으면 대부분의 구성원들 역시 좁은 마음으로 행동한다. 그러나 리더가 칭찬, 설득, 관용으로 구성원을 이끌면 구성원들도 리더를 닮게 된다. 링컨은 구성원을 칭찬하고 설득해서 그들 스스로 변하도록 이끌었으며 실수와 실패를 단죄하지 않고 용서하는 리더십으로 사람들을 이끌었다.

5.3 열정·소명의 리더십

미국 남북전쟁의 결과 북부는 전사자 36만 명, 남부는 전사자 25만 명이며, 패배한 남부는 커다란 피해를 입었다. 남부의 대부분은 전화(戰禍)로 황폐화되고, 1863년 노예해방선언으로 경제구조는 근본적으로 무너졌다. 이때 링컨은 인간적으로 고뇌하였고, 국민들이 이해관계에 따라 죽거나 죽여야 하는 현실에 괴로워했다.

이에 링컨은 전쟁의 빠른 종식이야말로 국민을 위한 소명이자 헌신임을 깨달았고, 전쟁터에서 병사들과 함께 했으며 모든 노력을 다해 전쟁의 승리를 위해 노력했다. 결과적으로 4년에 걸친 전쟁은 끝이 났고, 링컨은 화해와 용서로 미연방을 복원하였으며 400만 명에 달하는 흑인노예들을 해방시켰다. 링컨의 자유와 평등에 근거한 소명의식은 인간의 본성을 초월하여 궁극적으로 승리하게 만들었다. 결국 링컨은 혁신적 사상에 근거한 자유, 평등, 정직, 칭찬, 설득, 관용, 협력, 목표에 대한 열정이 혼합된 진실한 리더십이다.

참고 새로운 자신을 향해 나아가는 다섯 단계

1. 문제 감정을 깨닫는다.
2. 문제 행동을 깨닫는다.
3. 문제 사고를 깨닫는다.
4. 올바른 사고를 깨닫는다.
5. 말한 것을 실행한다.

6. 정약용[29]

자기주도리더십

정약용의 「목민심서」는 목민관이 문제를 바라보는 시각을 객관화하기 위하여 사상론적 측면과 방법론적 측면에서 저술한 서적이다. 사상론적으로 청렴, 절용, 근면 등을, 방법론적으로 농업, 임업, 광업, 교통, 수공업 등을 제시하고 있다. 여기에서는 방법론적인 입장을 중심으로 한 일반 백성을 위한 인본주의적 리더십을 정리하였다.

6.1 농업 속 리더십

정약용은 조선이 재출어농(財出於農)의 사회였으므로 농업기술을 향상시킬 수 있는 과학적 영농을 강조하였다. 과학적 영농은 농업인이 겪고 있는 폐단을 개선하여 농업경영의 합리화를 이루고, 선진 농업기술을 도입하여 낙후한 조선의 농업 생산력을 증대시켜 농민의 생산의욕을 향상시키는 것을 의미한다. 이에 농업 강화를 위한 여러 가지 방안을 리더로서 강조했다.

첫째, 부국위민(富國爲民)을 위해 노동력을 적게 들이고도 생산량을 많이 얻도록 해야 한다는 것이다.

“농기구와 직기를 만들어 농민들로 하여금 편리하게 쓰게 하고, 농민들의 생활을 넉넉하게 해주는 것 또한 목민관이 힘써야 할 임무인 것이다.”[30] 라고 하며, 서광계의「농

29) 윤병화, 조선후기 실학에 내재된 과학적 사고에 대한 고찰, 과학관 육성방안 연구, 제3회 한국박물관국제학술대회, 한국과학관협회, 2009.

30) 「목민심서」 호전육조 제6조 勸農 作爲農器織器 以利民用 以厚民生 亦民牧之攸務也.

정전서」를 참고하여 중국의 새로운 농기와 직기를 본받아 연구할 것을 주장하였다. “농기구를 만들어서 농민들에게 경작을 권장하고...”[31], “전거(田車)를 만들어서 농사를 권장하고...”[32] 라고 하며 사물의 법칙을 연구하고 생각하여 물차, 기후 관측기구, 수레 등을 만든다면 노동력을 적게 들일 수 있다고 주장하였다.

“농사는 소를 부려서 짓는 것이니 관청에서 소를 주기도 하고, 혹은 권민하여 소를 빌어주기도 하는데 이 또한 권농하는 데 있어서 마땅히 힘써야 할 것이다.”[33] 이라 하고, “농사는 소를 부려서 짓는 것이니 진실로 농사를 권장하려 한다면 마땅히 소를 도살하는 일을 경계하고 이를 기를 것을 권장하여야 한다.”[34] 라고 하여 사람의 힘만으로는 소기의 성과를 얻을 수 없기에 소를 주선해서 손쉽게 농사를 짓도록 유도하였다.

“작은 것을 못과 늪이라 하고, 큰 것을 호택(湖澤)이라 하며, 그 막는 것을 방축 또는 제방이라고 하는데 이는 물을 아끼기 위함이다. 이것이 「주역」의 수택절(水澤節) 괘의 대상(大象)에서 말하는 택상(澤上)에 물이 있으면 절(節)이 된다는 것이다.”[35] 라고 하여 둑을 쌓아서 물을 저장하여 농사에 이용할 수 있도록 주장하였고, “만약 바닷가를 따라 조수가 안으로 들어오는 것을 막고 기름진 전지를 만든다면 이를 바다를 막는 제방이라고 일컫는다.”[36] 라고 하여 삼면이 바다인 조선에 제방을 쌓아 농지를 보호하고 농업의 생산성을 증대시킬 수 있는 방안을 제시하였다.

농사를 편하게 짓기 위해서는 최소의 노동력을 지불하고 최대의 효과를 얻을 수 있어야 한다. 농기구 개량과 개발, 관개 수리 등의 개량 조치는 농민의 고역을 덜어주는 동시에 생산력을 증대시킬 수 있는 방안이다.

둘째, 합리적인 경영으로 농민의 소득이 증대될 수 있게 해야 한다.

먼저, “환상(還上)이란 사창(社倉)이 변한 것이다. 조(糶)도 아니요 적(糴)도 아니면서 생민의 뼈를 깎는 병폐로 되어 있으니 이러다간 농민이 죽고 나라가 망하게 될 것이다.”[37] 라고 하였다. 이는 흉년 또는 춘궁기에 관에서 곡식을 농민들에게 빌려주었다가 풍년이 든 해의 가을에 받아들이는 환상제도의 폐단으로 인하여 농민들의 가계 부담이 가중되고 있기 때문에 환곡 관리를 철저히 해야 함을 역설한 것이다. “사계절마다 마

31) 「목민심서」 공전육조 제6조 匠作 作爲農器 以勸民耕
32) 「목민심서」 공전육조 제6조 匠作 作爲田車 以勸農務
33) 「목민심서」 호전육조 제6조 勸農 農以牛作 或自官給牛 或勸民借牛 亦勸農之恒務也.
34) 「목민심서」 호전육조 제6조 勸農 農以牛作 誠欲勸農 宜戒屠殺而勸畜牧.
35) 「목민심서」 공전육조 제2조 川澤 小曰池沼 大曰湖澤 其障曰陂 亦謂之堤 所以節水 此澤上者水之 所以爲節也.
36) 「목민심서」 공전육조 제2조 川澤 若瀕海捍潮內 作膏田 是名海堰.
37) 「목민심서」 호전육조 제3조 穀簿 還上者 社倉之一變 非糶非糴 爲生民切骨之病 民劉國亡 呼吸之事也.

감하여 살펴야 하며 아전의 손에 맡겨서는 안 된다." [38] 라고 하며 환상을 목민관이 친히 나눠줌으로써 관리들의 횡포를 막아야 함을 주장하였다.

"농사를 권장하는 정책이란 오직 곡식을 심고 가꾸는 것만을 권장하는 것이 아니라 나무를 기르고 목축을 하며 누에를 치는 일 등도 권장하는 것이다." [39], "농사라는 것은 먹는 것의 근본이 되고 양잠은 입는 것의 근본이 된다. 그러므로 농민들에게 뽕나무를 심어 가꾸게 하는 것은 목민관의 중요한 임무이다." [40] 라고 주장하였다. 벼농사 외에 부업으로 할 수 있는 다양한 업종을 추천하여 농가의 소득을 올릴 수 있도록 유도하였다.

"되와 저울이 집집마다 다른 것은 어찌할 수 없으나 모든 창고와 시장의 것은 같게 해야 한다." [41] 라고 하여 일정한 표준형의 말과 저울이 없어 농민들이 농락을 당하고 있기에 도량형 통일을 통해 농민을 보호해야 함을 주장하였다.

농민의 소득을 증대시켜 부유하게 하기 위해서는 빈곤의 폐단인 환상제도의 재정비와 도량형 통일을 실시하여 농민의 피해를 줄이고, 임업, 원예, 목축, 길쌈 등의 사업을 진행시켜야 함을 주장하였다.

셋째, 농업에 대한 효율성을 높여 애착을 갖도록 유도한다.

"총체적으로 권농하는 정책은 마땅히 먼저 직분을 결정해 주어야 한다. 직분을 나누어 주지 않고 다른 일과 뒤섞어 권장하는 것은 선왕의 법도가 아니다. 무릇 권농의 정책이란 마땅히 여섯 과(科)로 나누어서 그 직책을 맡기고 그의 공적을 상고하여 상제(上第)에 올려 주어 민업(民業)을 권장하여야 한다. 해마다 춘분날에는 여러 향리에 통첩을 내려 보내서는 농사의 조만(早晩)으로써 상벌을 고교(考校)할 것을 약속하여야 한다." [42]라고 주장하였다. 이는 농사를 무턱대고 난잡하게 여러 가지로 장려하지 않고, 육과(六科)라 하여 구곡(九穀)을 가꾸고, 과실, 채소, 재목(材木)을 심고, 포목과 비단을 짜고, 축목(畜牧)을 하는 것으로 각기 공인(工人)·상인(商人)·종(奴婢)을 합하여 구직(九職)으로 삼아 농업의 직분이 확실하게 정해주며, 매년 모심기의 시종(始終)에 따라 등수를 나눠 상과 벌을 줌으로써 농업에 성실하게 종사할 수 있는 의욕을 북돋아 주도록 한다.

---

38) 「목민심서」 호전육조 제3조 穀簿 每四季磨勘之還 其回草成帖者 詳認事理 不可委之於吏手.
39) 「목민심서」 호전육조 제6조 勸農 勸農之政 不唯稼穡是勸 樹藝畜牧 蠶績之事 靡不勸矣.
40) 「목민심서」 호전육조 제6조 勸農 農者食之本 桑者衣之本 故 課民種桑 爲守令之要務.
41) 「목민심서」 공전육조 제6조 匠作 量衡之家異戶殊 雖莫之救 諸倉諸市 宜令劃一.
42) 「목민심서」 호전육조 제6조 勸農 總之 勸農之政 宜先授織 不分其職 雜勸諸業 非先王之法也. 凡勸農之政 宜分六科 各授其職 各考其功 登其上第 以勸民業. 每春分之日 下帖于諸鄉 約以農事早晩 考校賞罰.

넷째, 조정에서 적극적인 지원과 계몽활동을 펼쳐야 한다.

"농사짓는 것은 농민의 이익이니 농민이 스스로 힘 쓸 바이다. 농민보다 더 어리석은 자가 없는 지라 선왕께서 이를 권장했던 것이다."[43] 라고 하여 이치에 밝고 만물에 통달한 군자가 농사(農師)가 되어 농민을 계몽해야 함을 주장하였다. "농사를 권장하는 요체는 세금을 덜어 주고 부역을 적게 해서 그 근본을 북돋아 주는 데 있으니 그렇게 하면 토지가 개척될 것이다."[44] 라 하여 조세의 감면 혜택을 주어 경작지를 확대하도록 유도하였다.

이와 같이 정약용의 과학 영농사상은 박지원, 박제가 등의 북학파 실학자들과 맥락을 같이하며, 기본적으로 착취 없는 농촌사회를 건설하고 선진 농법을 수용하여 조선 농업의 선진화를 이루려는 데 주목적을 두고 있다.

6.2 광업 속 리더십

농업이 생명을 유지하기 위한 의식(衣食)을 제공해 준다면, 광업은 생활을 영위할 수 있는 원료를 제공해 준다. 광업은 재화를 마련하는 중요한 수단으로 조선 전기에는 농민을 부역에 동원시켜 광물을 생산하였으나 17세기 이후 사채(私採)의 허용으로 민간의 은광개발이 활발하게 진행되었다.

정약용은 이러한 현상에 대해 리더로서 목민관의 역할을 다음과 같이 제시했다.

"금, 은, 동, 철의 예전부터 있던 광산은 그 간악한 것을 살펴야 하고 새로 광산을 채굴하는 자에게는 그 제련하는 설비를 금지해야 한다."[45] 고 주장하였다. 이는 금을 채취하기 위해서는 물로 정제하는 수탁법을 사용하기에 농사철에 금을 채취하는 일이 많아 농사에 방해가 되고, 간악한 무리들이 몰래 채취하는 일도 일어나 채광의 어려움을 토로하고 있다.

이에 "채금(採金)하는 방법이 날로 새로워지고 있는데 진실로 조정의 명령이 있다면 시험해 봐도 무방하다."[46] 라고 하였다. 금호군의 「채금론」을 바탕으로 새로운 과학적 광업경영론을 제시하였다. 물을 사용하는 수탁법 대신 불을 이용하여 금을 걸러내는 화도법을 쓰고, 입동에 채금하기 시작하고 춘분 하루 전에 끝내도록 하여 농사에 지장

43) 「목민심서」 호전육조 제6조 勸農 農者民之利也 民所自力 莫愚者民 先王勸焉.
44) 「목민심서」 호전육조 제6조 勸農 勸農之要 又在乎蠲稅薄征 以培其根 地於是墾闢矣.
45) 「목민심서」 공전육조 제1조 山林 金銀銅鐵 舊有店者 察其奸惡 新爲鑛者 禁其鼓冶.
46) 「목민심서」 공전육조 제1조 山林 採金之法 又有新方 苟有朝令 試之無妨.

이 없도록 하며, 인부는 신원이 확실하고 성품이 부지런한 사람을 골라 채용할 것을 주장하였다.[47)]

6.3 교통 속 리더십

실학자들은 농업과 상업의 발전을 이룩하기 위해서는 교통 운수업이 발달되어야 함을 지속적으로 주장하였다. 이들은 차제(車制)를 개선하고, 도로를 개량하여 교통을 편리하게 하면 물자의 거래를 촉진할 수 있다고 보았다.

정약용은 리더로서 목민관의 역할을 다음과 같이 제시했다.

"도로를 닦고 수리해서 행려(行旅)들로 하여금 그 길로 가기를 원하게 하는 것은 또한 어진 목민관의 정사인 것이다."[48)] 라고 하여 성(城) 안의 정로(正路)는 폭을 24자로 하고 큰 마을은 16자, 논밭 작은 길은 8자로 하여 통행에 불편함을 없도록 규정할 것을 주장하였다. 한편 "길 위에 황토를 깔지 않고 길가에 횃불을 세우지 않으면, 이는 예를 안다고 할 수 있다."라 하여 임금이 다니는 통로에 황토를 펴고, 횃불을 거는 것을 아첨이라고 해서는 안 된다고 주장하였다.[49)]

참고 두목리더와 배려리더

1. 두목 행세를 하는 리더
   - 사람들에게 해야 할 일을 지시한다.
   - 자신의 힘을 믿고 밀어 붙인다.
   - 다른 사람들이 자신을 무서워하게 만든다.
   - 전체 보다 자신을 더 생각한다.
   - 일이 잘못됐을 때에는 다른 사람을 탓한다.
2. 돌보고 배려하는 리더
   - 사람들이 꼭 알아야 할 것을 가르쳐준다.
   - 인간관계를 믿고 일을 한다.
   - 사람들이 일 자체를 보고 신이 나게 만든다.
   - 자신보다 전체를 먼저 생각한다.
   - 문제를 해결할 방법을 찾는다.

47) 정약용, 해설 전환기에 다시보는 牧民心書, 윤동환 옮김, (사)다산기념사업회, 2004, p.375.
48) 「목민심서」 공전육조 제5조 道路 修治道路 使行旅願生於其路 亦良牧之政也.
49) 정약용, 해설 전환기에 다시보는 牧民心書, 윤동환 옮김, (사)다산기념사업회, 2004, p.389.

제3부
인성·소통의 리더십

겸손하게 의견을 말하면 상대는 곧 납득을 하고 반대하는 사람도 줄어든다. 그리고 내 잘못을 정직하게 인정하면 내 옳은 생각에 대해 상대방이 박수를 보내준다. 늘 자기 의견만 정당하다고 고집하지 마라. (벤자민 프랭클린)

쉽고 편안한 환경에서는 강한 인간이 만들어지지 않는다. 시련과 고통의 경험을 통해서만 강한 영혼이 탄생하고, 통찰력이 생기고, 일에 대한 영감이 떠오르며 마침내 성공할 수 있다. (헬렌 켈러)

1. 인성 개발

자기주도리더십

기업에서는 21세기 급변하는 경영환경에 대응하기 위해 훌륭한 인재 확보의 필요성을 인식하고 우수 인재를 선발하여 역량을 강화함으로써 기업의 성과를 극대화하기 위해 노력하고 있다.

기업에서 원하고 있는 인재상은 시대적인 배경과 기업 환경의 변화에 따라 달라지고 있다. 과거 기업에서는 관리자형 인재, 기능 축적형 인재, 공부 잘하는 모범생, 획일적 인재, 타율적 학습인, 기본기만 갖춘 인재 등을 선호하였다. 반면 성과를 중시하는 최근 기업에서는 팀워크를 갖춘 리더형 인재와 창의적 인재, 정보지식형 인재, 개방적 글로벌 인재, 자율적 학습인, 조직에 적합한 인재 등을 선호하고 있다.

이러한 인재상의 변화를 이해하고 기업의 요구에 부합하는 인재가 되는 것은 성공적인 취업과 사회 진출을 위해 매우 중요한 사항이다.

그렇다면 무한경쟁의 21세기에 필요한 인재상의 조건을 어떻게 될까?

첫째, 유연성과 창의성이다. 과거 산업사회에서는 질보다 양과 규모를 중시하며 조직에 순응하고 협조적인 매뉴얼형 인재가 필요했지만 21세기에는 조직의 환경변화에 적극적으로 대응하며 유연하고 창의적으로 행동하는 인재를 요구하고 있다. 기존의 고정관념과 형식주의를 타파하고 열린 마음으로 인식을 전환시킬 수 있는 사람이 창의적 인재이다. 이를 위하여 다양한 분야의 사람들과의 폭넓은 인간관계, 풍부한 독서, 다양한 체험활동 등을 한다면 창의성을 키우는데 도움이 된다.

둘째, 올바른 인성과 도덕성이다. 21세기는 참된 인성을 바탕으로 마음이 따뜻한 사람을 요구하고 있다. 즉, 따뜻한 인간미, 도덕성, 건전한 가치관, 윤리의식 등을 가지고 항상 신뢰감을 줄 수 있는 인재를 원한다. 국내·외 봉사활동, 정직하고 정의로운 생활, 폭넓은 대인관계, 공동체 활동 참여 등은 올바른 인성과 도덕성을 함양하는데 도움이 된다.

셋째, 도전정신이다. 어떠한 난관에서도 굴하지 않고 용기와 소신을 가지고 목표를 향해 도전하고 개혁을 선도하는 인재를 요구하고 있다. 21세기는 매사를 긍정적으로 생각하며 진취적인 사고로 실패를 두려워하지 않는 추진력과 강한 열정을 가진 인재가 필요하다. 극기 훈련, 서바이벌 게임, 리더십 캠프, 해외봉사 활동, 배낭여행, 해외연수, 공모전 참여, 동아리 등의 도전적이고 진취적인 활동이 도움이 된다.

넷째, 글로벌 마인드이다. 글로벌시대 국제적 커뮤니케이션을 위한 외국어 능력, 타 문화에 대한 적응력, 글로벌 역량을 갖춘 인재를 요구하고 있다. 국수적이고 배타적인 고정관념, 인식의 한계 등을 극복하고 다양한 글로벌 문화에 대한 이해와 수용적 마인드를 갖는 것이 중요하다. 해외연수, 문화탐방, 국제펜팔, 해외봉사, 해외 배낭여행, 국제 인턴십 등은 국제 감각을 익히고 해외문화를 체험하면서 글로벌 마인드를 가질 수 있는 기회이다.

앞서 밝힌 인재상의 조건에서 가장 중요한 것은 당연히 인성이며 지속적으로 인성을 강화시켜 나아간다면 글로벌 리더로 성장할 수 있다.[50)]

50) 한국전문대학교육협의회·백석문화대학, 자기주도형 인성과 경력개발, 한국전문대학교육협의회, 2010.

2. 인성의 이해

자기주도리더십

2.1 인성의 개념

인성(人性)은 '사람의 성품', '각 개인이 가지는 사고와 태도 및 행동 특성' 등 본연지성(本然之性)이라 여겼다. 영문 표현에 따르면 퍼스낼리티(personality) 또는 캐릭터(character)로 이야기하는데, 이는 일반적인 인성이라기보다는 개성, 성격, 성품, 인격이라는 의미로 구별하여 사용되어지고 있어, 온전히 그 의미가 일치한다고 보기 어렵다.

전 한국교원대 남궁달화교수는 '인성은 사람의 성품을 가리키는 말이다.'라고 하였다.[51]

> *한 사람의 인성이 어떠하다는 것은 그의 마음과 사람됨이 어떠하다는 말이다. 여기서 우리는 인성의 개념이 '마음'과 '사람됨'이라는 두 가지 요소로 구성되어 있음을 알 수 있다. 마음은 지(知-앎), 정(情-느낌), 의(意-다짐)의 세 요소로 구성된다. 마음은 지(知), 정(情), 의(意)의 움직임이다. 지(知)는 사물을 인식하고 이해하고 판단하는 마음의 작용이다. 정(情)은 사물에 느껴 일어나는 마음의 작용이다. 의(意)는 무엇을 하겠다고 속으로 다짐하는 마음의 작용이다. 이처럼 마음은 지(知), 정(情), 의(意) 등의 세 요소로 구성되며 정신작용의 총체이다.*
>
> *사람됨은 태어난 그대로의 인간을 가리키는 말은 아니다. 우리는 모두 사람이다. 그러나 우리는 우리 모두가 다 '사람되다'고 또는 '인간답다'고 말할 수는 없다.*

51) 남궁달화, 인성교육론, 문음사, 1999, pp.7~9.

이 말은 우리가 사람의 형상으로 태어나서 육체적으로 성장하더라도 그 육체 속에 담긴 정신작용의 총체는, 때로는 인간다워질 수도 또는 비인간다워질 수도 있다는 의미일 것이다. 즉, 한 인간이 자라면서 어떤 정신적 작용에 의해 인성이 보다 인간답게 발달·성숙할 수도, 또는 본인 혹은 다른 요인에 의해 사람답지 못하게 될 수도 있음을 뜻하는 말이라 하겠다.[52)]

학자마다 인성에 관한 정의는 다음과 같다.

▌표 3.1 인성 정의

구분	인성
임창재(1984)	개인의 행동을 규정하는 일반적 경향으로서 환경에 대한 개인의 독특한 적응을 결정짓는 심리적, 신체적, 물리적 체계로서 개체 내에 있어서의 역동적 체제라고 할 수 있다. 그러므로 인성은 개체와 환경의 상호작용을 통해서 발달해 가며 환경에 대한 독자적인 태도와 적응 양식, 기본적인 행동 경향성이 형성된다.
황웅연(1992)	환경에 대응함으로써 나타나게 되는 행동 및 태도, 동기, 경향성, 인생 과정들의 총합이다. 사람들에게 있어 시간과 상황에 걸쳐 지속되는 독특한 구조이며, 인성은 어떠한 경험을 하느냐에 따라 크게 변화될 수 있다는 의미를 포함한다.
조인수(1993)	첫째, 인성이란 개인 내부에 있는 특징적인 행동과 사고를 결정해 주는 정신적, 신체적 체제의 역동적인 조직이다. 둘째, 인성이란 타인에게 어떤 인상을 주는 것, 혹은 타인에게 어떤 영향을 주는 개인이 가지는 사회적인 자극가치이다. 셋째, 인성이란 개인으로 하여금 어떤 일정한 방식으로 행동하게 하는 개인 간의 제반구조의 고정적인 조직이다. 넷째, 인성이란 환경에의 독자적 적응을 결정하게 하는 개인적인 여러 특징과 행동양식의 종합체이다. 다섯째, 인성이란 안정되고 변화에 저항적인 것으로의 사회적 가치를 지닌 습관의 체제와 습관들이다.
리코나 (Lickona, 1993)	행동적, 정의적, 인지적 차원을 모두 아우르고 있는 하나의 포괄적 개념이며, 인간이 옳은 것이 무엇이지를 알게 되면 옳은 것을 사랑하게 되고 이러한 마음은 옳은 일을 행동으로 옮길 수 있게 만들어준다고 한다. (이때, 각 차원은 독립적인 하위요인으로 존재하는 것이 아니라 각 차원이 다른 차원에 영향을 주는 관계)
이근철(1996)	좁게는 도덕성, 사회성, 정서(감정) 등을 의미하고, 넓게는 지·덕·체 또는 "지·정·의를 모두 골고루 갖춘 전인성" 등을 의미한다.

52) 최태하, 맞벌이 가정 아동과 홑벌이 가정 아동의 인성 특성 비교 연구, 한국교원대학교 석사학위논문, 2004, p.9; 현주, 한미영, 임소현, 한국 초·중등학생을 위한 인성검사 개발 및 타당화, 한국심리학회지: 사회 및 성격, 29(1), 한국심리학회, 2015, p.86.

이성호(1996)	사람들이 다양한 환경에 대하여 각자 나름대로 반응하고 보여주는 행동 구조의 일관성 및 역동성을 의미한다.
이윤옥(1998)	다른 사람에게 주는 그 사람의 전체적인 인상으로, 성품, 기질, 개성, 인격 등 가치 개념을 의미한다.
조연순 외 (1998)	환경에 대응함으로써 나타나게 되는 인생관, 동기 경향성 그리고 태도 및 행동이 나타나는 총합이다. 인성은 상황과 시간을 거쳐 지속되는 독자적이며 특이한 구조이고, 어떤 경험을 하느냐에 따라 인성은 다양하게 변화될 수 있다는 의미를 포함한다.
한국교육학회 (1998)	첫째, 다른 어떤 것보다도 자기 자신에 대해 바르고 정확하게 이해하는 일이다. 둘째, 자기 자신을 존중하고 수용하게 하는 일이다. 셋째, 자기 자신의 일시적이고 충동적인 감정이나 행동을 통제하고 조절할 수 있는 능력을 가지는 것이다. 넷째, 올바른 현실 감각을 길러주는 일이다. 다섯째, 자기 자신뿐만 아니라 타인에 대한 공감적 이해와 존중의 자세를 함양하는 일이다.
남궁달화 (1999)	인간의 성품으로, 성품은 인간의 성질(性質)과 품격(品格)으로 구성된다. 여기서 성질은 마음의 바탕이고, 품격은 사람됨의 바탕이다.
이원회, 강현석 (1999)	인간의 성품으로서 정의로 인간존재와 행위방식의 다차원적인 복합성을 의미한다.
박재주(2000)	인성을 지적인 특징뿐 아니라 정석적이고 의지적인 것까지도 모두 포괄하는 정신적 특징을 나타내는 개념이다.
조난심 외 (2004)	사람이 태어나면서 가지고 있는 성격이나 특질의 개념의 아니라, 의도적인 교육이나 학습에 의해 습득하거나 변화가 가능한 인간의 성품이다.
리코나와 데이비슨 (Lickona & Davidson, 2005)	인성은 모종의 내적 일관성이며, 좋은 인성이라 함은 인성의 도덕적 경향이다.
김명진(2007)	다양한 해석으로 인해 인성이 인간으로서의 성품을 길러주는 교육으로서 이해되며, 인격의 함양, 품성의 형성, 인간성의 배양 등의 차원으로 해석된다.
강선보 외 (2008)	인간이 도달해야 하는 이상적인 인간다운 성품, 인간 본연의 모습이다.
현주 외(2009)	보다 긍정적이고 건전한 개인 삶과 사회적 삶을 위한 심리적·행동적 특성이다.
이명준 외 (2011)	선천성을 포함하면서도 후천적인 경험을 통해 형성되고 사회적인 역할도 요구되는 다소 안정적이며 도덕적인 성향이다.
장사형(2011)	개인의 특징적인 사고, 감정, 행동을 결정하는 심리적이며 생리적인 체제로서 개인 내부에 존재하는 역동적인 구조이다.

박성미와 허승희(2012)	인간이 개인적으로 갖추어야 할 바람직한 심성과 사회적으로 갖추어야 할 가치 있는 인격 및 행동 특성이다.
지은림 외 (2013)	인성요소인 윤리와 도덕뿐만 아니라 정직, 시민의식, 개인의 가치 존중, 타인존중, 사회성, 협동심, 자기이해 등의 사회정서를 포함하는 개념이다.
한상진(2014)	퍼스낼리티(Personality)를 사용하여 이를 인격이라고 해석한다.
정창우(2015)	인성에 대해 일반적으로 철학 및 심리학을 토대로 전개 연구되어온 점을 지적하였으며, 인성교육 및 인성에 대한 분명한 개념정립이 되어야만 인성교육의 지향점, 정책방향에 대한 선도 및 실천적 적용에 대해 통일성 및 일관성을 가질 수 있다고 주장한다.
유미선(2016)	인간으로서 갖추어야 할 바람직하고 이상적인 품성(성질, 품격)으로 본다. 인성은 후천적으로 길러지고 개발되는 것이다.

이렇듯 인성에 대한 개념적 정의는 학자들마다 다르다. 이를 종합하면 다음과 같다.

첫째, 인성은 유전(遺傳)과 환경(環境)적 요소에 의해 나타난 종합적인 정신체제이다.

둘째, 개인을 구성하고 있는 생리적 요소, 개인의 환경적 요소가 모두 다르기 때문에 인성도 다르다.

셋째, 일관성을 가지고 지속적으로 대인관계에서 나타나는 인상(印象)이다.

인성은 개인과 사회의 관계 속에서 조화로운 삶을 영위하는데 필요한 마음의 바탕이다. 즉, 인성은 사회적 인간으로서의 개인이 규범과 자율을 이해하고, 구성원들과의 배려와 협력을 이루어 나가기 위한 것이다. 그러므로 상호협력관계를 통해 조화를 이루며 살아야 하는 인간의 품성을 길러주는 것이 인성교육의 본질이다.

▌표 3.2 인성덕목에 관한 학자의 정의[53)]

학자	인성덕목
유균상, 조난심 외 (1992)	효도, 경로, 질서, 타인에 대한 배려, 공동체 의식, 사회정의, 정직, 공정, 절차 존중, 책임감, 성실성
허경철, 조난심 (1994)	• 기본생활습관 : 규칙적인 생활, 정리정돈, 청결 • 위생, 물자절약 • 자아확립 : 근면, 성실, 자주, 정직 • 효도와 경애 : 기본예절, 효도, 경애 • 공동체의식 : 질서, 협동, 준법, 타인 존중, 책임, 봉사, 정의감

53) 한윤이, 국악교육에서 인성교육의 현황과 과제, 국악교육 35, 한국국악교육학회, 2013.

김영화, 이혜영 (1996)	효, 경로의식, 인내・자기 견제, 정직, 자주 및 자율, 질서 및 준법, 타인 배려, 책임감, 협동, 공동체 의식
조연순(1998)	민주시민의식 : 준법정신, 봉사정신, 협동정신, 책임감, 정의감, 애국심, 환경보호의식 • 타인존중의식 : 권위의 존중과 수용, 예의범절, 효, 사랑, 배려, 정직, 신뢰 • 자기존중의식 : 자신감, 자기수용, 자기표현, 자기통제
권이종(1999)	자기 존중감, 정서적 안정감, 자신과 세계와의 관계에 대한 감수성, 도덕성, 성숙, 성취 효능감, 자아실현의지 등
박효정(2000)	정직, 타인배려(연민, 관용・양보, 친절, 봉사, 헌신), 공공질서의식(준법의식, 공중질서 준수), 경로효친, 생명존중, 환경보호의식, 성윤리, 정의(공정성, 용기, 민주성), 평등의식, 사회연대의식(책임과 협동, 공익우선, 신의), 애국애족(나라사랑, 민족사랑, 인류애), 절제(절약, 자기통제, 인내)
한국과학창의재단 (2010)	• 인간관계 덕목 : 정직, 약속, 용서, 배려, 책임, 소유 • 인성판단 능력 : 도덕적 예민성, 도덕적 판단력, 의사결정능력, 행동 실천력
한국교육개발원 (2010)	예절, 타인배려, 준법, 정직, 책임, 바른생활 습관, 성실, 질서, 공동체 의식, 협동, 자기 주도성, 인내심, 열린 마음, 우정, 애국, 생명존중, 정의, 관용, 용기, 독립심
이호중(2011)	기본생활 영역 : 규칙적인 생활, 정리정돈, 청결위생, 물자절약 • 개인생활 영역 : 정직, 근면, 성실, 자주 • 공동체생활 영역 : 기본 예절, 경애, 효도, 준법, 질서, 협동, 타인 존중, 봉사, 정의

▌표 3.3 인성의 요소와 특성[54)]

구분	특성
관계성	상호 관계적 삶을 추구하는 공생인
도덕성	도덕적 통합성을 추구하는 인격인
전인성	인간의 모든 측면이 조화롭게 발달한 전인
영성	초월적인 것을 체험하는 영성인
생명성	온 생명을 살리는 생명인
창의성	삶과 상황을 재창조하는 창의인
민주시민성	공동체에 참여하는 민주시민

54) 강선보 외, 인성교육, 양서원, 2008.

▌표 3.4 인성의 구성요인[55)]

구분	특성
정범모(1992)	개인차원 : 지혜, 강한 의연성, 민감한 감수성, 확실한 가치관 사회차원 : 넓은 국제시야와 미래전망
리코나 (Lichona, 1993)	개인차원 : 도덕적 자각·가치인식·추론, 자기 자신에 대한 인식, 올바르고 착한 것을 사랑하는 마음, 양심, 의사결정, 겸손 및 자아통제 대인관계 : 경청, 감정이입, 자신의 의사를 표현하는 능력, 관점의 조망, 협동, 의사소통
조연순 외(1998)	자기존중의식(개인차원) : 자아수용, 자신감, 자기통제, 자기표현 타인존중의식(대인관계) : 권위의 존중, 수용, 예의범절, 협동정신, 책임감, 정의감, 애국심, 환경보호의식 민주시민의식(사회차원) : 환경보호의식, 협동정신, 준법정신, 책임감, 애국심, 봉사정신, 정의감
피어슨과 니콜슨 (Pearson & Nicholson, 2000)	책임, 자제, 용기, 자아존중, 정직, 존중, 친절, 감정이입, 공정성, 정의, 시민의 덕
버코 위츠과 글리치 (Berkowitz & Grych, 2000)	자기통제, 감정이입, 사회적응, 자존감, 사회적 기술, 순종, 양심, 도덕추론, 정직, 이타심
피터슨과 셀리그먼 (Peterson & Seligman, 2004)	지혜 및 지식(학구열, 개방성, 창의성, 지혜, 호기심), 인간애(친절성, 사랑, 사회지능), 용기(진실성, 활력, 끈기, 활력, 용감성), 절제(신중성, 겸손, 용서, 자기조절), 정의(공정성, 리더십, 시민성), 초월(유머감각, 심미안, 감사, 영성, 낙관성)
조난심 외(2004)	개인차원 : 생각의 유연성, 정직, 성실, 절제, 자주주도성, 자주 대인관계 : 타인배려, 예절, 준법, 협동, 책임, 관용, 경애, 효도 사회차원 : 민족애, 정의, 타문화 이해, 공동체의식, 인류애, 생명존중
리코나와 데이비슨 (Lickona & Davidson, 2005)	정직, 정의, 배려, 존중, 협력, 인내, 근면, 긍정적 태도, 자기규율, 용기
2009개정 도덕과 교육과정	정의, 자율, 준법, 존중, 예절, 자연애, 책임, 배려, 애국심, 성실, 인류애, 공익, 생명존중, 절제, 통일의 의지, 효도, 협동, 공익, 평화, 자연애
이명준 외(2011)	개인(타인 또는 개인)과 집단(자연, 생명, 사회, 인류)에 따른 6덕목(신뢰성, 시민성, 정의, 존중, 책임, 배려)의 구체화

55) 현주, 한미영, 임소현, 한국 초·중등학생을 위한 인성검사 개발 및 타당화, 한국심리학회지 : 사회 및 성격, 29(1), 한국심리학회, 2015, p.87; 임현주, 중학생 인성 향상을 위한 그룹 코칭프로그램이 성실, 배려·소통 및 자기조절에 미치는 영향, 광운대학교 석사학위논문, 2018, pp.14~17.

김명순, 김성희(2012)	자기인지, 자기행동, 대인인지, 대인행동
천세영 외(2012)	정직, 책임, 공감, 소통, 긍정, 자율
교육과학기술부(2012)	도덕성 : 핵심가치 인식(역량), 책임감 있는 의사의 결정(역량), 책임, 정직 사회성 : 사회인식(역량), 대인관계(역량), 공감, 소통 감성 : 자기관리(역량), 자율, 자기인식(역량), 긍정
유병열 외(2012)	지혜, 용기, 성실, 절제, 효도, 예절, 존중, 배려, 책임, 협동, 준법, 정의
박성미, 허승희(2012)	개인적 가치 : 도덕적 판단력, 심미적 소양, 긍정적 생활태도 대인적 가치 : 타인이해와 동정, 타인용서와 관용 사회적 가치 : 사회구성원 역할과 책임, 세계시민의식
서경혜 외(2013)	내적 인성 : 지속적으로 배움, 반성적 실천, 자기조절 사회적 인성 : 존중, 의사소통, 협력 공동체적 인성 : 윤리의식, 정의감, 책임감
이윤선 외(2013)	인지적 영역 : 도덕적 가치 앎, 도덕적 자기인식, 의사결정, 도덕적 자기지식, 도덕적 추론 정의적 영역 : 자기존중감, 양심, 겸양, 선한 사랑, 감정이입, 자아통제 행동적 영역 : 역량, 의지, 습관
지은림 외(2013)	정직 및 정의, 책임, 윤리(어른공경), 배려 및 봉사, 공감, 긍정적 자기이해, 자기조절
유병열 외(2013)	지혜, 자주, 용기, 절제, 성실, 존중, 가족애, 예절, 배려, 책임, 준법, 협동, 정의, 시민성, 애국, 인류애, 생명애, 초월성
손경원, 정창우(2014)	정체성 : 자기이해, 자기존중, 자기조절 사회성 : 개방성 및 소통(타인과 타문화이해), 봉사(배려) 및 협력, 공감 도덕성 : 도덕적인 규칙(준법과 책임 그리고 정직), 도덕적인 관습(공경과 효)

2.2 인성교육 가능성

우리네 인성교육의 핵심적 가치는 어디에서 왔을까? 과거 우리나라의 인성 형성에서 가장 큰 영향을 행사해온 교육사상은 유교이다. 시대에 따라 다소 차이는 있지만 유교는 조선시대 이후에도 우리 교육의 실제를 이끌었고 오늘날까지 영향을 끼쳤다.

유교가 본격적으로 우리 사회에 뿌리를 내린 것은 조선시대이다. 고려 말기 중앙의 권문세족에 대항하여 등장한 지방의 사대부는 유교적 소양을 갖춘 이들로, 고려의 개혁을 주장하다 결국 조선을 건국하기에 이른다. 당시 불교국가인 고려와는 다른 패러다임이 필요했던 사대부는 중국으로부터 유교(성리학)를 적극적으로 수용하여 국가의 기틀을 마련하였다.[56] 이로써 유교(성리학)[57]는 조선시대 500년 동안 전 계층의 삶 자체가 되었고, 국가의 기본원리가 되었다.

조선 초기에는 치인(治人)을 응용한 정치적 성리학이 주류를 이루고, 16세기부터는 수기(修己)에 역점을 둔 학문적 성리학이 발달하면서 성리학은 조선의 핵심적 사상으로 자리를 잡는다.[58] 유교는 인간 삶의 방향에 대한 해답을 얻기 위해 노력하는 학문이다.[59]

각종 외래사상 중 가장 한국적인 가치관의 형성에 큰 영향을 미치고 있는 이념이 유교이다. 유교는 효를 바탕으로 가족 도덕에서 출발하여 사회 질서를 정립하는 수신제가치국평천하(修身齊家治國平天下)[60]라 할 수 있다. 인간 중심적 실천 규범으로 합리적 정신과 윤리주의를 형성하고 있는 사상이다. 유교가 지니고 있는 특징적인 윤리문화는

---

56) 유교에서는 인(仁)과 덕(德)을 바탕으로 한 왕도정치(王道政治)를 최우선으로 삼았다. 이는 정치가 인간을 바르게 하는 길이며, 백성을 교화시켜 윤리와 도덕을 통해 인간 사회의 모습을 실현시키는 수단으로 보았기 때문이다. 결국 유학자는 적극적으로 인간에 대한 인식과 대응을 가장 중요한 가치로 삼았다. (조성을, 정약용의 신분제 개혁론, 동방학지51, 1986)
특히, 조선 세종대에는 유교적 민본주의를 실현하기 위하여 집현전을 설치하고, 의정부 서사제로 정치의 틀을 삼는 한편, 재상을 등용하여 왕권과 신권의 조화를 이루는 이상적인 정치를 실현하려 노력하였다.

57) 조선의 유교는 신유학으로 우주 자연을 그대로 인정하며 인간 세상의 치도(治道)를 구하는 사상으로 수기치인(修己治人)을 통한 왕권 확립을 지향하였다.

58) 한기범, 沙溪 金長生과 愼獨齋 金集의 禮學思想 硏究, 충남대학교 박사학위논문, 1990, p.1.

59) 일반적인 유교의 중요 사상은 다음과 같다.
첫째, 타고난 어진 마음씨와 자애(慈愛)의 정을 바탕으로 하여 자기를 완성하는 덕으로 자기의 사욕을 이기고, 예에 들어간다는 인(仁)의 사상이다.
둘째, 사람이 마땅히 지켜야할 도리와 규범을 알려주는 윤리사상이다.
셋째, 스스로의 몸과 마음을 닦고, 자기 수양을 통하여 남을 가르쳐 편안하게 하는 수기안인사상(修己安人思想)이다.
넷째, 사람이 지켜야 할 인간의 도리를 알려주는 삼강오륜이다.
(1) 삼강(三綱) : 유교의 기본이 되는 세 가지 도리를 말한다. 임금은 신하를 사랑하고 신하는 임금을 신뢰하는 군위신강(君爲臣綱), 아버지는 아들을 사랑하고 아들은 아버지를 신뢰하는 부위자강(父爲子綱), 남편은 아내를 사랑하고 아내는 남편을 신뢰하는 부위부강(夫爲婦綱) 등이다. 즉, 임금과 신하, 아버지와 아들, 남편과 아내 사이에 지켜야 할 떳떳한 도리를 말한다.
(2) 오륜(五倫) : 유교에서 이르는 다섯 가지의 인륜을 말한다. 임금과 신하의 사이에 의리가 있음을 말하는 군신유의(君臣有義), 아버지와 아들은 서로 친밀하게 사랑함을 말하는 부자유친(父子有親), 부부는 서로 침범하지 못할 인륜의 구별이 있음을 말하는 부부유별(夫婦有別), 어른과 어린이 사이에 차례가 있음을 말하는 장유유서(長幼有序), 친구는 믿음이 있음을 말하는 붕우유신(朋友有信) 등이다. 즉, 군신사이의 의리(義理), 부자사이의 친애(親愛), 부부 사이의 분별(分別), 장유사이의 차서(次序), 친구사이의 신의(信義)를 말한다.
다섯째, 노인을 공경하고 부모에게 효도하는 효사상이다.
여섯째, 지나친 욕심을 누르고 타고난 천성을 되찾는다는 극기복례(克己復禮)이다.
이렇듯이 공자에 의해서 집대성된 유교사상은 유가(儒家), 유도(儒道), 유학(儒學), 공자교(孔子教) 등이라 부르며, 사상에 큰 영향을 미쳤을 뿐만 아니라 정치, 경제, 사회를 지배하는 조선시대의 지배적 종교였다.

60) 몸과 마음을 닦아 수양하고 집단을 가지런하게 하며 나라를 다스리고 천하를 평한다는 뜻의 한자이다. 이는 유교에서 강조하는 올바른 선비의 길을 말하는 것으로 세상에서 해야 할 일의 순서를 알려주는 표현이다.

한국의 보편적인 가치로서 인정되었고, 그 중심은 충과 효가 있다.[61)]

이와 같은 유교이념은 인륜의 질서를 중요시하고 개인을 그 속에 포함시켜 생각함으로서 사람이 사람다워야 한다는 기본적인 윤리관을 강조하였다. 특히, 조선의 권력 주체자들은 충·효를 중심으로 인륜을 내세워 군신과 가족 사이에서 위계적인 질서규범을 강조하며 그에 따른 교육을 강화하였다.[62)]

또한, 유교의 큰 특징은 제례의식으로, 그 대상에 따라 분류하면 천지와 조상, 성현에 대해 예를 갖추어 공경하는 마음으로 제사(祭祀)를 지냈다.

유교에서 제사는 사회적 신분 계층에 따라 천제(天祭)는 천자(天子)가, 사직(社稷)과 종묘(宗廟)는 제후 이상이, 사대부 이하의 조상에 대한 제사는 장자가, 차자(次子) 이하는 직접 제사를 드릴 수 없는 신분의 차등을 두었다. 이러한 계층 및 서열에 따른 구별은 예(禮)의 기본 개념인 질서 규범을 확립하는데 그 근본의 의미가 있다.

즉, 천자만이 천(天)에 제(祭)를 올림으로써 천하가 하나의 중심으로 질서를 갖게 되는 것이며, 조상에 대한 제사는 장자를 통하여 제를 올릴 때에 가족 사회가 서열을 중심으로 질서를 갖게 되는 것이다. 이처럼 유교의 제례는 평면적 집단을 넘어서 통일된 구심적 조화와 질서의 공동체를 구성하고 유지하는데, 그 기능적 의미를 가지며 유교사회가 긴 역사를 통해 그 전통을 유지할 수 있었던 원동력이라 할 수 있다.

이런 유교의 인성 교육적 측면은 다음과 같이 정의할 수 있다.[63)]

첫째, 유교의 창시자인 공자(孔子)의 사상에 영향을 받았다. 유교의 창시자인 공자는 동양 최고의 스승이자 교육자이다. 공자는 「논어(論語)」에서 교육을 다음과 같은 정의했다.

자왈(子曰) "성상근야 습상원야(性相近也 習相遠也)."[64)]

이 말은 인간의 본성과 후천적 환경을 구분하며 교육을 통해 바른 인간을 양성할 수

61) 문화공보부, 한국종교편람, 계문사, 1984, p.45.
62) 도용호, 유학사상을 바탕으로 한 전통교육건축의 공간구성에 관한 연구, 청주대학교 박사학위논문, 1995, p.92.
63) 김선영, 인성교육을 위한 중학교 국어과 교수·학습 방안 연구, 충북대학교 석사학위논문, 2015, pp.12~18.
64) 공자께서 말씀하셨다. "사람의 본성은 서로 비슷하지만 습성은 서로 현격하게 다르다."(선천적으로 타고난 본성은 누구나 비슷하지만 후천적으로 배양되는 습관은 각자의 노력 여하에 따라 크게 차이가 날 수 있다. 그러므로 부지런히 배우고 수양하여 좋은 습관을 길러야 한다.)

있다는 것이다. 우리의 인성교육도 이 같은 시각에서 접근해야 한다.

둘째, 유교는 수신(修身)의 학문이다. 전통적으로 유교를 수기치인(修己治人)이라 했다. 이것은 유교의 내면적 인격, 인간됨, 사람다움 등을 강조하면서 정치, 경제의 질서를 확립하고자 한 것이다. 유교 이념은 유교의 사유를 가장 체계적으로 제시하고 있는 기본 경전인 「대학」과 「중용」 그리고 주자에 의해 정리된 「대학장구」를 통해 그 근원을 찾을 수 있다. 특히 「중용」에는 '성(性)'에 대한 개념을 다음과 같이 제시하였다.

"천명지위성 솔성지위도 수도지위교(天命之謂性, 率性之謂道, 修道之謂教)"[65]

사람은 태어날 때 하늘로부터 어떤 사람이 되라는 명령을 받는데, 그것을 천명(天命)이라고 한다. 개인은 그것을 받아 성품을 갖게 되며 이것이 '성(性)'이다. '성'은 한마디로 개괄하면 인간이 태어날 때부터 갖추고 있는 본연의 바탕을 의미한다.

셋째, 유교에서 성(性)은 후천적인 것이 아닌 사람이 태어날 때부터 지니고 있는 본유(本有)라는 의미이다. 기본적으로 유교에서는 성선사상을 바탕으로 하고 있다. 이는 인간에 대해 긍정적이고, 낙관적인 태도에서 출발하는 것이다. 성선사상은 누구나 알다시피 맹자의 본격적이며 적극적인 사유를 거치면서 표면화되고 발전하였다. 인성의 본질 문제는 동양 철학사에서 오랫동안 논의해 온 문제이다. 「맹자」의 고자상(告子上)에 의하면, 이 문제에 관하여 당시 세 가지 학설이 있었다.

첫째, 인간의 본성은 선하지도 악하지도 않다.
둘째, 인간의 본성은 선해질 수도 악해질 수도 있다.
셋째, 어떤 인간의 본성은 선하고, 어떤 인간의 본성은 악하다.

맹자는 인간의 성(性)을 선(善)하다고 보았다. 맹자는 성(性)을 타고난 소질(才)로 보았는데, 선한 행위를 할 수 있는 소질과 악한 행위를 할 수 있는 소질 중 악한 행위를 할 수 있는 것은 동물에게도 존재하나 선한 행위를 할 수 있는 소질은 인간만이 가능하다고 보았다. 맹자가 세운 성선설은 인(仁), 의(義), 예(禮), 지(智)를 선(善)의 4대 범주로 제시하고 이를 인간의 본유적인 속성으로 보았다. 즉 인간은 태어날 때부터 지녀온 인, 의, 예, 지의 성(性)이 있기 때문에 인성본선(人性本善)이란 결론을 내렸다. 그리고 보이지 않는 인, 의, 예, 지를 설명하기 위해 사단(四端)이라는 것을 제시하였다. 사

65) 하늘이 명한 것을 성(성품, 바탕)이라 하고 그 성을 따르는 것을 도(길, 도리)라 하고 도를 닦는 것을 교(가르침, 본받음)이라 한다.

단은 인의예지와 대응하여 사람에게 인의예지가 있다는 단서로 설명된다. 그의 성선설의 단초는 다음과 같다.

맹자왈 : "인개유불인인지심. 선왕유불인인지심, 사유불인인지정의. 이불인인지심, 행불인인지정, 치천하가운어장상."(孟子曰 : "人皆有不忍人之心. 先王有不忍人之心, 斯有不忍人之政矣. 以不忍人之心, 行不忍人之政, 治天下可運於掌上.")

소이위인개유불인인지심자, 금인사견유자장입어정, 개유출척측은지심. 비소이내교어유자지부모야, 비소이요예어향당붕우야, 비오기성이연야.(所以謂人皆有不忍人之心者, 今人乍見孺子將入於井, 皆有怵惕惻隱之心. 非所以內交於孺子之父母也, 非所以要譽於鄕黨朋友也, 非惡其聲而然也.)[66]

자기의 어린아이가 아니더라도, 자기의 이해득실과는 하등 상관없는 일이지만 사람들은 달려가 그 어린아이를 구해줄 줄 안다는 것이다. 그것은 자기 내부로부터 저절로 솟아나오는 순수한 정감이며, 그 정감에 따라 행동했을 따름이라 설명했다. 맹자는 이러한 마음을 '측은지심(惻隱之心)'이라 하여 '인지단(仁之端)'이라고 했다. 이와 마찬가지로 의(義)의 단서는 부끄러워하는 마음인 '수오지심(羞惡之心)'이고, 예(禮)의 단서는 사양할 수 있는 '사양지심(辭讓之心)'이고, 지(知)는 '시비지심(是非之心)'이라 인성에서 사단(四端)의 보편성을 강조했다. 결국 맹자의 주장은 인간이 선천적으로 지니고 있는 심성은 본래 선하다는 것이다.

66) 맹자가 말하였다. "사람은 누구나 다 남에게 차마 할 수 없는 마음이 있다. 선왕들은 남에게 차마 할 수 없는 마음이 있었기 때문에 남에게 차마 할 수 없어 하는 정치를 하였던 것이다. 남에게 차마 할 수 없는 마음을 가지고 남에게 차마 할 수 없어 하는 정치를 한다면, 천하를 다스리는 일은 마치 손바닥 위에 있는 물건을 놀리는 것 같이 쉬울 것이다. 소위 사람은 누구나 남에게 차마 할 수 없는 마음을 지녔다는 까닭은 이러하다. 지금 어떤 어린 애가 우물에 빠져 들어가는 것을 본다면 누구나 깜짝 놀라면서, 불쌍하게 생각하는 마음이 생길 것이다. 이것은 그 어린애의 부모와 친해 보려고 해서 그런 것도 아니고, 마을 사람이나 친구들에게 칭찬을 받기 위해서 그러는 것도 아니고, 또 구해 주지 않는 데 대한 비난의 소리를 듣기 싫어서 그런 것도 아니다."

한편, 이명준 등은 인성의 덕목과 대상을 구별하여 유교적 의미를 연계하여 인성교육을 위한 덕목을 다음과 같이 정리했다.[67)]

대표 덕목	발휘대상				동양적 의미
	개인		집단		
	자기	타인	사회	인류, 자연, 생명	
존중	자기이해 자기존중	포용, 수용, 용서, 이해심, 공감, 공손, 공경, 예절	관용, 다문화	인권 존중, 자연보전, 생명존중	仁, 禮, 敬
배려	자기애 자기계발	친절, 호의, 자선, 이타성	협력, 협동	인류애, 자연애, 생명애	仁, 慈
책임	성실, 절제, 인내, 끈기	양육, 폐 끼치지 않기	역할 충실, 충성	인간·생명 존중책임, 자연보전책임	誠
신뢰성	진정성, 일관성	정직, 진실, 진솔, 신뢰	공동체에 대한 충성	인간과 생명을 목적으로 대함. 자연을 착취하지 않음.	信
정의, 공정성	규칙준수	합리성, 예의	자유, 평등, 복지 (사회적 가치)	평화, 번영 (인류적 가치)	義
시민성	자율성, 자발성, 정체성	협력, 협동, 민주적 대화	민족애, 조국애, 민족적 과제에 대한 관심 및 참여와 실천	인류애, 환경보전, 생명존중	-

2.3 현대 인성교육

1980년대부터 인성교육에 대한 철학적 접근을 할 때, 인간의 본성을 해석하려는 경향이 많았다. 인간의 본성이 '선천적으로 선하다.', '선천적으로 악하다.', '선하지도 악하지도 않다.', '선해질 수도 악해질 수도 있다.' 등의 관점으로 나누고, 한편으로는 선한 본성을 귀하게 여기어 유지하고 혹시 그 본성이 가려지면 그것을 회복하는 교육을, 악한 본성을 계도하는 교육을 외적 기준에 부합하도록 하는 교육을 해야 한다는 대전제에서 인성교육이 시작되었다. 이 대전제의 차이로 인해 그 교육방식이 현격하게 달라졌다.[68)]

67) 이명준 외, 교과교육과 창의적 체험활동을 통한 인성교육 활성화 방안, 한국교육개발원, 2011.
68) 김우진, 인성교육의 조건과 시민교육, 문화와융합 37(1), 한국문화융합학회, 2015, p.292.

그러나, 이런 본성에 대한 관점 차이에 따른 인성교육의 구분은 무의미하며, 근본적인 인성교육에 집중해야 한다는 주장도 있다. 2000년대 인성교육에 관한 정의는 다음과 같다.[69]

▌표 3.5 인성교육 정의

구분	인성교육
김명진 (2007)	일반 교과에서 인성교육을 다룰 때 교과의 내용과 함께 인성과 관련된 내용을 다루면서 동시에 수업 방법과 교육과정에서도 학생들의 인성 함양에 긍정적 영향을 줄 수 있는 본을 보여 주는 것이다.
강선보 외 (2008)	현재 인성교육은 단시간 내 가시적인 효과를 얻고자 한다는 점, 인성교육을 지나치게 문제아 지도에 관련시킨다는 점, 인성교육 프로그램이 특정의 덕목에 편중되고 있다는 점, 인성교육을 전체 교육이 아닌, 도덕교육만의 문제로 인식하는 점에서 문제점이 나타난다.
장사형 (2011)	도덕성, 사회성, 정서를 포함한 바람직한 인간으로서의 성품을 가지도록 하는 교육, 즉 학생들로 하여금 만족스러우며 사회적으로 건설적인 삶을 영위하는데 필요한 지식, 태도, 가치를 획득하는 것을 도와주는 것이다.

또한, 우리나라 광복이후 인성교육의 변천사는 다음과 같다.

▌표 3.6 우리나라 인성교육의 변천사[70]

인성교육	개념	적용방식	문제점
인성교육 개념 미적용 (제1, 2차 교육과정)	교과 중심의 교육과정으로 인성교육 경시	학교에서의 인성교육 미비, 가정에서의 인성교육	과학 등의 교과를 강조하고 인성교육에 대한 관심이 없다. 3차 교육과정 개편까지 인성에 대한 강조점이 없었으며, 결과적으로 인성교육의 필요성 제기되었다.
인성교육 개념 등장 (제 3차 교육과정)	인성교육 중요성에 대한 언급	학교에서의 인성교육 미비, 가정에서의 인성교육	교육과정에 필요성을 기술하는 식으로 실제적인 인성 교육 접근이 이루어지지 않았다.

69) 권덕원, 국악교육이 인성에 미치는 영향, 국악교육 39, 2015, p.9.
70) 박춘성, 창의·인성의 특성과 학교에서의 발현을 위한 방안 탐색, 창의력교육연수, 10(2), 2010, pp.61~72.

주지주의 인성교육 (제4차 교육과정, 1981년)	지식수준에서 도덕규범 중심의 교육	도덕내용을 통해 보편적인 개인 가치, 사회발전을 위한 규범 중심 학습	지적 측면의 강조로 행동측면의 미비, 실천보다는 규범과 내용 중심으로 교육 과정을 운영함으로 인성 자체를 경시하였다.
실천 중심 인 성 교 육 (제7차 교육과정, 1997년~현재)	실천으로서의 인성 교육 강조	학년단계별 인성교육 실시, 전 교과 및 특별활동을 통한 교육, 시범학교 중심의 인성교육, 학교와 가정의 연계추진	입시위주의 교육으로 형식적 운영, 입시 영향이 적은 초등학교에서도 학력 향상에 밀려 인성교육 실시가 형식적으로 운영되었다. 교사 개인의 역량에 전적으로 의존하는 형식으로 이루어지며 교사 연수나 프로그램의 미비하였다.
실천중심 인성교육에 대한 비판 (현재)	실천중심 인성교육에 대한 대안 마련	관련 학회 등에서 대안 탐색(예 : 한국초등교육학회 -2007-초등학교 인성교육의 현황과 과제)	창의적 재량활동 등에서 이루어지는 인성교육의 형식적 운영, 인성교육을 강화한 교육과정의 적용에도 청소년관련 범죄율 증가, 평가방법의 다양화 등이 구호에 그쳤다. 학교장 의지가 없을 경우 인성교육 실천이 이루어지지 않았다. 학력향상을 우선으로 하는 학교 운영, 문제 학생 등에 대한 프로그램은 널리 보급되었으나 대다수 학생에 대한 인성교육은 부재, 실천을 위한 구체적 방안의 결여되었다.(예 : 봉사활동 기관의 유목화 및 다양한 프로그램 결여)

인성교육이 적극적으로 교육과정에 반영된 2009 개정 교육과정 이후이다. 과거 인성교육은 지식 학습 차원에 치우쳐 도덕성의 인지적 측면에 국한되어 왔던 지난 한계를 극복하고 인간의 정의적 측면과 행동적 측면을 아우르는 통합적 접근이 이루어졌다. 인간의 지능뿐만 아니라 사회성과 정서를 포함한 다각적인 인성의 통합적 발달을 도모하고 있다.

특히, 2009 개정 교육과정에서는 교과 내·외 인성교육을 설계하였다. 그 구체적인 영역별 요소는 다음과 같다.

▌표 3.7 2009 개정 도덕과 공통교육과정의 내용 체계에 나타난 인성함양 방향[71]

영역의 명칭	영역별 내용 구성의 방향 / 인성함양의 다양한 차원
도덕적 주체로서의 나	도덕적 가치의 주체적 기반으로서 도덕적 자아가 확립되는 영역
	지·정·의가 조화롭게 통합된 도덕적 자아
우리, 타인과의 관계	도덕적 자아와 우리·타인과의 관계에서 간 인격적(interpersonal) 가치가 추구되는 영역
	대인관계에서 발생하는 다양한 갈등을 적절한 상호작용 및 의사소통을 통해 바람직하고 합리적인 방식으로 해결할 수 있는 대인관계 능력
사회, 국가, 지구 공동체와의 관계	도덕적 자아와 사회·국가·세계공동체와의 관계에서 역사적, 사회적 정의의 가치가 추구되는 영역
	외부 세계(사회, 국가, 세계)에 대한 바람직한 인식 체계 및 가치체계 형성
자연, 초월적인 존재와의 관계	도덕적 자아와 자연·초월적인 존재와의 관계에서 도덕적 가치의 고양이 추구되는 영역
	미적 체험과 초월적 존재 등을 통한 인생의 실존적 의미 추구

또한, 2015 개정 교육과정에서 2009 개정 교육과정과 인성 교육부분에서의 차이점은 다음과 같다.

▌표 3.8 초·중등학교 교육과정 총론 신·구 대조표[72]

2009 개정 교육과정 (교육부 고시 제2013-7호)	2015 개정 교육과정 (교육부 고시 제2015-74호)
2. 교육과정 구성의 방침	2. 교육과정 구성의 중점
추구하는 인간상을 구현하기 위한 이 교육과정 구성의 방침은 다음과 같다. 가. 배려와 나눔을 실천하는 창의적인 인재를 기를 수 있도록 교육과정을 구성한다.	이 교육과정은 우리나라 교육과정이 추구해 온 교육 이념과 인간상을 바탕으로, 미래사회가 요구하는 핵심역량을 함양하여 바른 인성을 갖춘 창의융합형 인재를 양성하는 데에 중점을 둔다.

71) 황인표, 2009 개정 도덕과 공통교육과정의 내용체계에 나타난 인성함양 방향, 인성교육 실현을 위한 교육과정 개정 시안 공청회, 한국교육과정평가원, 2012.

72) 국가교육과정정보센터(http://ncic.go.kr/mobile.revise.board.view.do)

자. 모든 교육 활동을 통해 인성 교육을 실천할 수 있도록 교육과정을 구성한다.	이를 위한 교육과정 구성의 중점은 다음과 같다.
가. 초등학교 교육목표	가. 초등학교 교육 목표
초등학교의 교육은 학생의 학습과 일상생활에 필요한 기초 능력 배양과 기본 생활 습관 형성, 바른 인성의 함양에 중점을 둔다.	초등학교 교육은 학생의 일상생활과 학습에 필요한 기본 습관 및 기초 능력을 기르고 바른 인성을 함양하는 데에 중점을 둔다.
가. 중학교 교육목표	나. 중학교 교육 목표
중학교의 교육은 초등학교 교육의 성과를 바탕으로, 학생의 학습과 일상생활에 필요한 기본 능력과 바른 인성, 민주 시민의 자질 함양에 중점을 둔다.	중학교 교육은 초등학교 교육의 성과를 바탕으로, 학생의 일상생활과 학습에 필요한 기본 능력을 기르고 바른 인성 및 민주 시민의 자질을 함양하는 데에 중점을 둔다.
<'II-2-가-(1)' 이동 · 수정> (1) 심신의 건강하고 조화로운 발달을 토대로 바른 인성을 기르고, 다양한 분야의 경험과 지식을 익혀 적극적으로 진로를 탐색한다.	1) 심신의 조화로운 발달을 바탕으로 자아존중감을 기르고, 다양한 지식과 경험을 통해 적극적으로 삶의 방향과 진로를 탐색한다.
II. 학교 급별 교육과정 편성과 운영	II. 학교 급별 교육과정 편성 · 운영의 기준
민주 시민 교육, 인성 교육, 환경 교육, 경제 교육, 에너지 교육, 근로 정신 함양 교육, 보건 교육, 안전 교육, 성 교육, 소비자 교육, 진로 교육, 통일 교육, 한국 정체성 교육, 국제 이해 교육, 해양 교육, 정보화 및 정보 윤리 교육, 청렴 · 반부패 교육, 물 보호 교육, 지속 가능 발전 교육, 양성 평등 교육, 장애인 이해 교육, 인권 교육, 안전 · 재해 대비 교육, 저출산 · 고령 사회 대비 교육, 여가 활용 교육, 호국 · 보훈 교육, 효도 · 경로 · 전통 윤리 교육, 아동 · 청소년 보호 교육, 다문화 교육, 문화 예술 교육, 농업 · 농촌 이해 교육, 지적 재산권 교육, 미디어 교육, 의사소통 · 토론 중심 교육, 논술 교육, 한국 문화사 교육, 한자 교육, 녹색 교육, 독도 교육 등	안전 · 건강 교육, 인성 교육, 진로 교육, 민주 시민 교육, 인권 교육, 다문화 교육, 통일 교육, 독도 교육, 경제 · 금융 교육, 환경 · 지속가능발전 교육
다. 초등학교 교육과정 편성 · 운영의 중점	나. 교육과정 편성 · 운영 기준
(2) 학교는 모든 교육 활동을 통해 학생의 인성과 기본 생활 습관을 형성할 수 있도록 교육과정을 편성 · 운영한다.	1) 학교는 모든 교육 활동을 통해 학생의 기본 생활 습관, 기초 학습 능력, 바른 인성을 함양할 수 있도록 교육과정을 편성 · 운영한다.
(4) 특성화 고등학교 및 산업수요 맞춤형 고등학교	4) 특성화 고등학교와 산업수요 맞춤형 고등학교
(차) 창의적 체험활동은 학생의 진로 및 경력 개발, 인성 개발, 취업 역량 제고 등을 목적으로 차별화된 프로그램을 운영할 수 있다.	자) 창의적 체험활동은 학생의 진로 및 경력 개발, 인성 계발, 취업 역량 제고 등을 목적으로 프로그램을 운영할 수 있다.

2.4 인성 덕목[73)]

① 예(禮)

예는 인간관계에서 사회적 지위에 따라 행동을 규제하는 규칙과 관습의 체계이다. 예는 일정한 격식을 갖춘 행동으로 나타나며, 생활방식·사고방식·사회풍조에 따라 다르다. 예는 겸손의 기초가 되고 인간의 관계성을 한층 높일 수 있으므로 모든 덕목의 기초가 된다.

② 효(孝)

효는 부모를 섬기는 도리이다. 윤리적 의의로는 '생명의 근원에 대한 감사', '부모의 신뢰에 대한 자녀의 진실한 응답'이라 할 수 있다. 효는 전형적인 동양적 사고로 우리나라에서는 유교사상이 들어오기 이전부터 민족 고유의 정신으로 여겼다. 효는 자식이 어버이를 섬기는 도리이며 유교의 기본적 윤리규범의 하나로 부모에 대한 자식의 경애를 바탕으로 성립하는 도덕이다. 효가 확대되면 형제자매 간의 우애와 경애로 발전하게 되고 타인에게 공손함으로 나타난다.

③ 정직

정직은 거짓이나 꾸밈없이 바르고 곧은 마음으로 말이나 행동에서 거짓이 없음을 의미한다. 바르고 곧은 심성으로 자신의 양심을 속이지 않고 올바른 정신을 가지고 행하는 마음을 말한다.

④ 책임

책임은 맡아서 해야 할 임무나 의무, 어떤 일에 관련되어 그 결과에 대해지게 되는 의무나 부담과 제재를 말한다. 책임은 자신에게 주어진 임무를 성실히 완수하는 것뿐만 아니라, 행한 일의 의도와 상관없이 혹은 의도와는 다른 결과에 대하여 정신적, 도덕적, 법률적인 비난, 제재, 손해 등을 감수하는 것을 의미한다. 책임은 자신의 존재에 관한 책임뿐 아니라 가족 및 지역 공동체, 인류 공동체 구성원으로서의 책임으로 확장될 수 있다. 법적, 정치적 구조들을 책임 있게 형성하려는 노력은 공동체 의식으로 명명할 수 있으며, 공동체 의식은 규범과 법질서에 대한 존중이 포함된다.

73) 안혜숙, 집단 통합예술치료가 청소년의 자기존중, 자기조절, 배려·소통능력에 미치는 영향, 국제신학대학원대학교 박사학위논문, 2018, pp.33~36.

⑤ 존중

자기존중은 자신의 사고, 감정, 행동을 객관적으로 인식하고, 자신을 긍정적으로 바라보며, 자신을 가치 있는 사람이라고 생각하는 주관적 평가이다. 자기존중감이 높으면 자기통찰이 높고, 자기존중감이나 증진욕구, 스스로 문제를 해결하려는 욕구가 크다. 반면 자기존중감이 낮으면 자기 자신에 대한 신뢰가 없고, 자신감이 없으며 부정적인 사고를 하게 되어 학업성취에도 어려움을 경험한다. 존중은 상대방을 귀하게 여기고 중하게 대하는 태도를 포함한다. 존중하는 마음은 정신적 신체적 평온함을 갖도록 하며, 타인과의 갈등을 예방해주고 태도에 영향을 미친다. 인간은 자신을 존중하는 것으로부터 시작하여 모든 사람과 생명체, 사물의 가치를 인정하고 소중히 할 수 있다.

⑥ 배려

배려는 도와주거나 보살펴 주려고 마음을 쓰는 것으로 타인의 입장에서 마음을 이해하고 골고루 마음을 쓸 수 있는 것이다. 배려는 나와 타인 사이의 상호의존적인 관계를 인식하는 바탕 위에서 타인의 필요와 행복에 책임을 느껴 그를 보살피고 돕는 도덕적 행동이다. 배려는 타인의 감정에 대한 공감, 타인에게 도움을 줄 수 있는 친절, 타인의 잘못에 대한 관대함이 필요하다. 배려는 남의 마음을 이해해주고 보살피려는 마음에서 비롯되므로 공감이 기초가 된다. 즉, 배려를 위해서는 타인의 고통에 공감하는 관용의 덕이 필요하다.

⑦ 소통

소통은 서로 막히지 않고 잘 통하여 오해의 소지가 없는 것이다. 인간의 소통은 일반적으로 언어를 통해 이루어진다. 의사소통은 개인적, 사회적으로 효과적이고 적절하게 의사를 전달하고 받아들이는 능력이다. 자신의 능력을 언어로 표현하고 타인의 의견을 경청하여 문제해결 및 갈등조정이 가능하도록 한다. 의사소통능력이 낮은 사람은 대인관계능력이 낮고 사회적으로 어울리지 못한다. 공동체 삶에서 우리는 계속 자기의 생각과 의견을 표현하고 받아들이므로, 더불어 살아가야 하기 때문에 의사소통은 무엇보다 중요하다. 다양한 상황에서 타인의 관점과 감정을 이해·파악하고 타인과 긍정적인 관계를 유지하여 소통하는 능력, 공동의 문제 해결을 위하여 서로 협력하는 능력이라 할 수 있다.

⑧ 협동

협동은 공동체 안에서 형성되는 습관으로 협동의 결과물은 삶의 질을 높이고 인간관계를 공고히 하는 기회를 만든다. 협동은 공동의 목표를 성취하기 위해 구성원들의 힘과 능력을 집약시키는 것으로 공동체의 발전 및 번영을 위한 필요조건이다.

참고 가치관 전환을 위한 방법

1. 긴박감을 조성하여 현재의 상황을 타파해야 한다.
2. 새로운 비전을 제시해야 한다.
3. 성취를 위한 체계적인 계획과 실천이 필요하다.
4. 새로운 지식에 목말라하고 항상 찾아나서야 한다.
5. 자기 혁신을 두려워하지 말고, 적극적으로 투자해야 한다.
6. 와신상담(臥薪嘗膽)[74]의 자세로 높은 뜻을 좇아야 한다.
7. "가치는 상대적이다"라는 것을 명심하고 최고의 가치를 추구한다.

---

74) 와신상담(臥薪嘗膽)은 누울 와, 섶 신, 맛볼 상, 쓸개 담으로 이루어진 단어이다. "섶에 눕고 쓸개를 씹는다."는 뜻으로 원수를 갚으려고 온갖 괴로움을 참고 견디는 것을 말한다. 그 유래는 다음과 같다.
중국 춘추시대 남방의 오나라와 초나라가 대립하고 있었다. 오나라 왕 합려는 오자서와 손무의 보필로 구거(柏擧)의 전투에서 초나라를 대패시켰는데 오나라군이 초나라를 진격할 때 월나라군이 오나라로 진격했다. 이로 인해 오나라와 월나라 간의 전쟁이 시작되었다.
기원전 496년 월나라 왕 윤상(允常)이 병으로 죽자 아들 구천(勾踐)이 왕위를 이어받았다. 오나라 왕 합려는 월나라가 국상을 치르는 틈을 타서 군대를 진격시켰다. 두 나라 군대는 휴리(携李)라는 곳에서 크게 싸웠는데 이때 오나라군이 대패하고 합려는 사망한다. 이후 오나라는 합려의 아들인 부차가 왕이 되고 기필코 월나라를 패망시켜 아버지의 원수를 갚겠다고 결심했다. 복수를 하기 위해 부차가 밤낮으로 군사를 조련한다는 소식을 들은 구천은 이듬해에 선제공격을 했다. 대초(大椒)라는 곳에서 결전이 벌어졌는데, 그 결과 월나라군이 대패했다. 회계산(會稽山)으로 도망친 구천은 오나라 군사들에게 겹겹이 포위되었다.
살 가망이 없다고 생각한 구천은 부인을 죽이고 최후의 결전을 벌이려고 했다. 그런데 대신인 문종(文種)과 범려(範蠡)가 맹목적인 결전보다 후일을 도모하자고 설득했고, 구천은 그 말을 따라 오나라로 가서 속죄를 하게 된다. 즉, 구천은 부인과 대부 범려 등을 데리고 오나라로 갔다. 부차는 아버지 합려의 능묘 옆에 돌집을 하나 짓고 구천 부부와 그의 대신들을 몰아넣었다. 이후 죄수옷을 입히고 말을 먹이는 고역을 시켰다. 그리고 합려가 외출을 할 때에는 범려를 밟고 수레를 탔으며, 구천에게는 말고삐를 잡게 했다. 구천은 이렇게 2년 동안 오나라에서 별의별 고생을 다 했다.
월나라로 돌아온 구천은 이 원수를 기필코 갚고야 말겠다고 맹세했다. 그는 무명옷을 입고 잡곡을 먹으며, 잠도 초가집에서 돗자리 대신 섶나무를 펴고 잤다. 식탁 위에는 쓰디쓴 쓸개를 달아놓고 음식을 먹을 때마다 그 쓸개를 맛보고는 "구천아, 회계의 치욕을 잊었단 말이냐?" 하고 외치곤 했다. 이런 방법이 곧 과거의 치욕을 잊지 않고 분투하도록 거듭 자신을 격려했던 것이다. 이것이 '와신상담(臥薪嘗膽)'이라는 고사성어가 생긴 유래이다.
2년 뒤 구천은 범려와 함께 정예군 5만을 이끌고 오나라를 습격했다. 오나라군은 크게 패하고 오나라의 태자도 전사했다. 기원전 473년 구천은 재차 오나라를 진격해 부차를 고소산(姑蘇山)에서 포위했다. 이렇게 해서 월나라는 오나라를 멸망시켰다. 오나라와 월나라의 전쟁은 춘추시대 말기에 일어난 큰 사건이었다. (풍국초, 중국상하오천년사, 신원문화사, 2008)

3. 예절

자기주도리더십

3.1 예절의 개념

「예기」 곡례(曲禮)편에 의하면,

"곡례왈 무불경, 엄약사, 안정사, 안민재(曲禮 曰, 毋不敬 嚴若思 安定辭 安民哉)"[75)]

공경하는 마음을 갖고 있으면 몸을 놀림에 있어 난폭하거나 거만한 일이 없고, 단정하고 엄숙하여 무언가 생각하는 것 같이 하면 얼굴빛을 바르게 갖게 되어 믿음을 주게 될 것이고, 말을 안정감 있게 하면 말할 때에 치사하거나 이치에 어긋나는 것과는 거리가 멀 것이다.

「논어」에서도,

"비례물시 비례물청 비례물언 비례물동(非禮勿視 非禮勿聽 非禮勿言 非禮勿動)."

예가 아니면 보지 말며, 예가 아니면 듣지 말며, 예가 아니면 말하지 말고, 예가 아니면 행동하지 말아야 한다고 하였다.

75) 공경하지 않는 것이 없으며, 단정하고 엄숙하여 무언가 생각하는 것 같이 하며, 말을 안정감 있게 하면 백성들을 편안하게 할 수 있을 것이다.

따라서, 예절이란 무리지어 사는 사람들이 서로 질서를 지키며 행복하게 살아갈 수 있도록 규범을 정해놓은 절차이며 생활방식인 사회계약적 생활규범이다.

사람은 남과 더불어 살아간다. 대인관계를 원만히 하려면 서로 약속해 놓은 방식으로 살아야 한다. 대인관계란 사람과 사람의 관계로 자기가 먼저 바른 사람이 되어야 한다. 스스로 사람다워지려는 노력을 자기관리(自己管理), 자기수양(自己修養)이라 한다. 스스로 사람다워지려는 자기관리는 수기(修己)라 하고, 남과 어울려 함께 사는 대인관계를 치인(治人)이라 한다. 수기하는 예절은 자기 안에 있으면서 자기 자신에게 작용하는 기능을 가지는데 그때의 본질은 정성스러운 것이고, 치인하는 예절은 자기 밖으로 나아가 남에게 활용되는 기능을 가지는데 그때의 본질은 공경하고 사랑하는 것이다.[76)]

3.2 예절의 기원

① 서양[77)]

서양의 예절은 어떤 특정 집단구성원들이 동일한 환경에 적응하는 과정에서 자연발생적으로 형성된 행위양식인 관습에서 비롯되었다. 그러나 서양의 고례(古禮)는 제정(帝政)시대의 종교적 의례에서 비롯되었다고 보는 견해가 지배적이다. 고대인은 자연을 중요시했고, 자연의 힘이 모든 생명체를 지배한다고 믿었기에 자연의 힘을 믿지 않고 금지된 행위를 자행하거나 신성성을 모독하는 행위를 하면 무서운 보복을 당한다고 여겼는데 이 관념이 바로 터부(taboo), 금기(禁忌)사상이다. 따라서 고례(古禮)의 시원을 터부(taboo)의 금기관념과 신비력(mana) 등의 종교의례에서 찾을 수 있다. 이러한 서양의 고대 예절은 중세에 기독교가 들어오면서 신을 중심으로 하는 종교적 윤리로 변화되었다. 근세에는 합리주의, 경험주의, 계몽주의 등을 사고하는 인간중심 윤리로 변화되었고, 최근에는 경험적, 과학적 인식이 중시되어 실용이 큰 비중을 차지하면서 예(禮)를 가볍게 보는 사회가 되어가고 있다.

76) 성균관, 우리의 생활예절, 성균관출판부, 2010, pp.19~20.
77) 남상민, 예절학, 박영사, 1996, pp.154~175

② 동양[78)]

우주의 근원을 천·지·인(天地人) 세 가지로 보는 동양의 고대 사상은 인간이 사람과 신(神)의 관계인 종교적 영역과 사람과 물질(地)의 관계 영역 그리고 사람과 사람(人)의 관계인 윤리 도덕의 영역에서 살아간다고 보았다. 이들이 일정한 관계를 맺고 서로 조화를 이루고 질서와 화합을 유지하기 위해서는 예(禮)의 작용이 있어야 한다고 보았다. 한자문화권이었던 동양의 예절은 한자어 예(禮)자 풀이를 통해 그 흔적을 찾아볼 수 있다.

「설문해자(說文解字)」의 예(禮)자 풀이를 보면 예는 시(示)와 풍(豊)으로 구성된 글자이다. 시(示)는 이(二)와 소(小)를 합친 글자이다. 이(二)는 본래 상(上)을 뜻하며 소(小)는 상천(上天)으로부터 일(日), 월(月), 성신(星辰)의 빛으로 계시한다는 의미로 신 또는 절대자를 상징한다. 풍(豊)자는 곡(曲)과 두(豆)를 합친 글자로 두(豆)는 제기(祭器)이고, 곡(曲)은 제물을 담은 형상이라 하여 신 앞에서 제사 지내는 것을 뜻한다.

천(天)이나 조상의 신에 대한 경앙(敬仰)의 정념에 바탕을 둔 터부(taboo)관념이나 신비력(mana)의 관념인 종교적 의례에서 시작된 예(禮)는 원시유교의 시대에서 인간의 합리적 사고가 발달하며 신성한 것의 세속화가 이루어져 예(禮)에 종교적 의미와 사회적 관계를 규제하는 '의'(義)로서의 도덕의 의미가 포함되었다. 세속적 도덕으로 변화된 예는 다시 도덕의 내면화·철학화가 이루어지면서 유교(儒教)가 체계화되고 이것이 정치원리와 개인윤리로서 작용하게 된다.

③ 우리나라

우리나라는 삼국시대까지는 전통예속(傳統禮俗)의 시대였다. 고려시대에는 유교예제(儒教禮制)가 도입되었고, 조선시대에는 유교예제가 강화, 심화, 응용되었으며, 조선시대 후기에는 유교윤리가 변형되다가 일제강점기를 겪으면서 세대 전반에 걸쳐서 유교윤리가 퇴색되었다.

우리나라 예(禮)의 기원을 중국에서 유교가 전래된 시점으로 보는 견해가 많다. 그러나 우리나라의 예(禮)가 중국 예학과 연관되어 발달해온 것은 사실이지만, 조선 개국의 정당성을 확보하기 위해 성리학을 채택하였을 뿐 이미 이전부터 예절이 정립되어 행해지던 나라였다. 일정하게 우리의 생활문화에 맞게 토속과 융합되어 그 고유성을 스스로 지키며 변화·발전하여 왔다.[79)]

78) 남상민, 예절학, 박영사, 1996, pp.24~39.
79) 하명희, 예절 인지와 실천 및 학교 예절교육 요구도 분석-학생, 학부모, 교사를 중심으로, 성균관대학교

한편, 시대별 예절의 발전유형은 다음과 같다.

▌표 3.9 시대별 예절의 발전 유형

원시시대	봉건주의	근대사회	현대 지식정보사회
맹목적, 숭배	권력중심, 충성	질서, 제도, 규범, 통제	상생, 배려, 감동, 희생
• 숭배의 예 • 신에 대한 숭배 • 두려움의 대상 • 예속적, 절대적	• 충성의 예 • 권력, 부, 힘의 원리가 지배 • 지배자에 대한 복종 • 지배자중심, 순종	• 규범준수의 예 • 욕구통제, 질서, 충돌 방지 • 상호평등 • 균형적 행동, 자기절제	• 상생의 예 • 합리성에 바탕 • 관계 지향적, 상호이익, 상호존중 • 적극적 행동필요
신 중심	왕 중심	조직중심	개인, 비즈니스 중심

3.3 예절의 필요성[80)]

예절은 인간관계에 있어서 사회적 지위에 따라 행동을 규제하는 규칙과 관습으로 사회계약적인 생활규범이라 할 수 있다. 즉, 예절은 더불어 잘 살아가기 위한 사람들 간의 약속이며 원만한 인간관계를 유지하고 타인에 대한 존중과 사랑을 실천하기 위하여 꼭 필요한 요소이다.

마음 속에는 예스러움이 가득하지만 말과 행동이 예스럽지 못하면 남이 인정하지 않고, 마음으로는 엉뚱한 생각을 하면서 말과 행동이 번지르르 하면 위선이라고 한다. 그만큼 예는 행하기 어렵다는 말이 된다. 「논어」에는 "공손하면서 예(禮)가 없으면 수고롭기만 하고, 신중하면서 예가 없으면 두려워하기만 하고, 용맹스러우면서 예가 없으면 난폭하기만 하고, 강직하면서 예가 없으면 위태롭다."[81)] 라는 말이 있듯이 예절은 정성스런 마음으로 한결 같아야 한다.

결국 예절은 한 개인의 인생을 결정짓는 중요한 필수적인 요소이다. 그런데 현대인들 중에는 예절은 시대에 맞지 않는 단어라고 생각하는 사람들이 많다. 그러나 예절은

석사학위논문, 2010, pp.8~9.

80) 경혜영, 청소년 기본예절교육, 2015년 청소년 주니어해설사, 영월청소년수련관, 2015

81) 「논어」, 「태백」 제8편 '자왈(子曰) 공이무례칙로(恭而無禮則勞) 신이무례칙사(愼而無禮則葸) 용이무례칙난(勇而無禮則亂) 직이무례칙교(直而無禮則絞)'

시대에 관계없이 언제나 현재진행형이며 미래사회에서도 필요한 용어이다. 기업이나 사회에서 요구하는 인간상은 '예의를 잘 지키는 사람'만은 아니다. '자신감이 넘치는 태도를 갖춘 위풍당당형 지원자' (21.2%, 132명), '밝은 미소를 유지하는 미소지움형 지원자' (10.9%, 68명), '경어사용이나 맞춤법 등을 제대로 알고 말하는 바른말 고운말형 지원자' (6.9%, 43명)[82] 등도 있다.

위에 열거한 사람들의 유형 중 자신감 넘치는 태도, 밝은 미소, 경어 사용, 맞춤법 등을 제대로 알고 말하는 바른 말, 고운 말 사용 등은 예절의 한 부분들이다. 결국 현대 사회에서 요구하는 사람은 "예절을 잘 지키는 사람"이다.

3.4 예절의 종류

예절은 기본예절, 생활예절, 가정의례 등으로 구분된다.[83]

기본예절은 절에 대한 예절, 말에 대한 예절, 위계질서(位階秩序), 예절의 방위와 상하석(上下席) 등이 있으며, 모든 분야에 통용되는 공통예절이다.

생활예절은 생활환경에 따라 개인예절, 가정예절, 학교예절, 직장예절, 사회예절, 국민예절, 국제의전 등으로 생활하는 방식을 정해 놓은 것이다.

가정의례는 가정에서 행하는 의식절차로서 성년례(成年禮), 혼인례(婚姻禮), 상장례(喪葬禮), 제례(祭禮), 수연례(壽筵禮)가 있다.

82) 연합뉴스, 2004년 5월 28일
83) 이민희, 유아 전통 예절교육 운영실태 및 교사의 인식도 조사, 동국대학교 석사학위논문, 2015, pp.7~8.

▌표 3.10 예절의 분류

예절분류	예절 내용
기본예절	• 절에 대한 예절(절, 공수법) • 말에 대한 예절(호칭과 지칭, 대화예절) • 위계질서(가정과 사회의 위계질서, 방위와 상하서)
생활예절	• 개인예절(마음가짐, 몸가짐, 기거동작) • 가정예절(어른에 대한 예절, 부부간의 예절, 아랫사람에 대한 예절, 촌수관계) • 학교예절(선생님·제자에 대한 예절, 선후배간의 예절) • 직장예절 • 사회예절(공공장소에서의 예절) • 국가예절
가정의례	• 성년례(성년의 날) • 혼인례(남녀가 만나 부부가 되는 것) • 상장례(장례의식 절차) • 제의례(제사의식 절차) • 수연례(어른의 생신에 아랫사람들이 오래 사시기를 비는 의식)

3.5 전통예절

① 개인예절

기본 몸가짐을 바르게 하기 위한 개인예절은 다음과 같다.

▌표 3.11 기본 몸가짐을 바르게 하는 개인예절[84)]

상황	내용
서있는 자세	• 무릎과 엉덩이, 허리를 자연스럽고 곱게 편다. • 두 손은 앞으로 모아 공수하거나, 양 옆으로 자연스럽게 내리며 손가락을 붙이고 입은 가볍게 다물고 턱은 자연스럽게 한다. • 눈은 곱게 떠서 시선은 앞 쪽을 향하여 5~6cm 앞을 보며 표정은 밝게 하고 부드러운 미소를 띠는 게 좋다.

84) 권영필, 차생활 예절교육이 성인 지적장애인의 생활예절과 주의집중력에 미치는 효과, 성균관대학교 석사학위논문, 2011, pp.10~11.

바닥에 앉는 자세	• 어른의 정면에 앉지 않고, 남자는 어른의 왼쪽 앞, 여자는 어른의 오른쪽 앞에 앉는 것을 원칙으로 한다. • 어른께서 앉으라고 말씀해야 앉는다. • 두 손을 가지런히 펴서 두 무릎위에 얹거나, 공수한 손을 남자는 중앙에 여자는 오른쪽 다리 위에 놓으면 좋다. • 앉아있을 때 어른이 들어오시면 일어선다.
방석 위에 앉는 자세	• 방석은 발로 밟아서는 안 된다. • 무릎을 꿇기 전에 두 손으로 방석을 당겨 무릎 밑에 반듯하게 넣으면서 무릎걸음으로 두 세 걸음 간 뒤 방석 중앙위에 바르게 앉는다. • 일어날 때는 무릎걸음으로 뒤로 두 세 걸음 온 후 무릎을 들면서 두 손으로 방석을 앞으로 살짝 밀어 원 자리에 놓는다.
의자에 앉는 자세	• 의자에 앉을 때는 의자의 왼편에 앉는 것이 상례이다. • 의자 깊숙이 앉고, 앉은 후에는 허리와 가슴을 곧게 펴고 등받이 등에 기대지 않는다. • 의자에 앉았다가 일어설 때에는 일어선 다음 의자를 바르게 탁자 밑으로 밀어 넣는다.
걷는 자세	• 바르게 선 자세로 가슴과 허리를 펴고 시선은 앞을 바라본다. • 어깨는 수평으로 하고 몸을 흔들어서는 안 된다. • 양팔은 자연스럽게 앞뒤로 흔들며 걷는다.
남의 앞을 지날 때	• 어른과 같이 걸을 때에는 어른 앞으로 먼저 걸어가지 않는다. • 반드시 '실례합니다.', '죄송합니다.' 등의 양해를 구한다. • 조용하고 민첩하게 걷고 뒷모습을 정면으로 보이지 않도록 한다.
기거동작	• 어른보다 편한 자세를 취하지 않는다. • 어른보다 높은 곳에 위치하지 않는다. • 어른께 뒷모습을 보이지 않는다. • 편리하고 유익한 것은 상대방에게 먼저 권하고 사양한다. • 불편한 것은 내가 먼저 행하고, 남에게 권하지 않는다.
물건을 주고받을 때	• 공손한 자세로 두 손으로 주고받는다. • 신문이나 책 등 문자로 된 것은 상대방이 바르게 보이도록 준다. • 칼이나 가위 등 위험한 물건을 줄 때는 손잡이가 위험하지 않게 받도록 준다. • 앉은 사람에게는 앉아서 주고, 선 사람에게는 서서 준다. • 앉아서 주는 것은 앉아서 받고, 서서 주는 물건은 서서 받는다.

② 전통 배례법

먼저 기본예절에서 공수법은 기본 동작과 손의 위치가 중요하다.

그러나 흉사 시에는 평상시와 반대로 남자는 오른손이 위로 가게, 여자는 왼손이 위로 가게 두 손을 포개 잡아야 한다. 흉사란 사람이 죽은 때를 말한다. 다만 제의례(祭儀禮)는 흉사가 아니다. 그렇기에 조상의 제사는 자손이 있어서 조상을 받드는 것이니까 길(吉)한 일이다. 따라서 제사에서는 흉사의 공수를 하면 안 된다.

▌표 3.12 기본예절의 공수법[85)]

기본동작	• 두 손의 손가락을 가지런히 붙여서 편 다음 앞으로 모아 포갠다. 엄지손가락은 엇갈려 깍지를 끼고 집게손가락 이하 네 손가락은 포갠다. 아래에 있는 손의 네 손가락은 가지런히 펴고 위에 있는 네 손가락은 아래에 있는 손의 새끼손가락을 지그시 쥐어도 된다. • 엄지손가락을 깍지 끼어 엇갈리는 까닭은 손등을 덮은 소매 사이로 엄지만 내놓아 반대쪽 소매 끝을 눌러 흘러내리지 않도록 고정시키고, 의식 때 홀(笏)을 쥐기 위해서이다.
손의 위치	• 소매가 넓고 긴 예복을 입었을 때는 팔뚝을 수평이 되게 해야 예복의 소매가 가지런해서 아름답다. • 평상복을 입었을 때는 공수한 손을 자연스럽게 내리면 엄지가 배꼽부위에 닿는다. • 공수하고 앉을 때는 남자는 두 다리의 중앙이나 아랫배 부위에 공수한 손을 얹고, 여자는 오른쪽 다리 위나 세운 무릎 위에 얹는다. • 짧은 치마나 바지를 입었을 때는 공수한 손을 오른쪽 다리 위에 얹는 것보다 남자와 같이 두 다리의 중앙에 얹거나 짧은 치마 끝을 지그시 누르듯이 한다. • 남자는 왼손이 위로 가게, 여자는 오른손이 위로 가게 두 손을 포개 잡아야 한다. 왼쪽은 동쪽이고 동쪽은 양(陽)으로 남자는 왼손이 위이고, 오른쪽은 서쪽이고 서쪽은 음(陰)이기 때문에 여자는 오른손이 위이다.

85) 유정숙, 전통예절·다례체험 프로그램 연구, 원광대학교 석사학위논문, 2016, pp.14~20.

▌표 3.13 절의 종류

구분	내용
큰절	• 명칭 : 남자는 계수배(稽首拜), 여자는 숙배(肅拜)이다. • 큰절은 내가 절을 올릴 경우에 절을 받는 상대방이 나에게 답배를 하지 않아도 될 정도로 높은 웃어른(자기 및 처의 직계존속, 8촌 이내의 연장존속), 의식행사시(전통혼례 시의 교배례, 폐백 시에 시조부모 및 시부모님, 수연례, 상례 시에 망자, 조상의 제사와 성묘)에 올리는 절이다.
평절	• 명칭 : 남자는 돈수배(頓首拜), 여자는 평배(平拜)이다. • 대상 : 평절은 자기가 절을 올리면 그에 대한 답례로서 반드시 나에게 답배를 해야 할 대상인 친척이외의 웃어른, 또래, 친척이 아닌 15년 이내의 연하자, 조문 시에 상제에게 하는 절이다.
반절	• 명칭 : 남자는 공수배(拱手拜), 여자는 반배(半拜)이다. • 대상 : 남녀의 반절은 예의를 갖춘 정중한 반절과 약식반절의 두 가지 종류로 나뉜다. 반절은 웃어른이 아랫사람의 절에 답배를 할 경우에 하는 절이다. 즉, 반절은 제자에게 답배를 할 경우 친구의 자녀나 자기 자녀의 친구에게 답배를 할 경우, 나이 차이가 10년 이내이면서 같이 늙어 가는 동생들의 절에 형이나 언니가 절을 할 경우, 16년 이상의 연하자의 절에 답배를 할 경우 등에 행하는 절이다.

▌표 3.14 절의 요령

구분	내용
기본 횟수	• 산 사람에게 평상시에 하는 절은 한 번 한다. • 죽은 망자, 위패에는 남자는 두 번, 여자는 네 번 절 한다.(제례의 절) • 직계존속의 수연(회갑)에서 헌수할 때는 남자는 두 번, 여자는 네 번 절 한다. 그러나 절을 받을 어른이 절의 횟수를 줄이라고 명하면 그대로 한다. • 전통 혼인예식에서 신부는 두 번씩 두 차례 하고, 신랑은 한 번씩 두 차례 한다.
절의 재량	• 산 사람에게는 기본 횟수만 하고, 의식 행사와 망자에게는 기본 횟수의 배를 한다. 따라서 문상시에는 남녀 모두 원칙대로 큰절과 평상시의 배를 올린다.
절의 생략	• 절을 할 수 없는 장소에서 절할 대상을 만났을 때에는 절을 하지 않고 경례로 대신한다. 경례를 했더라도 절을 할 수 있는 장소로 옮겼으면 절을 한다.
절하는 시기	• 절을 할 수 있는 장소에서 절할 대상을 만나면 지체 없이 절을 하는 것이 예의이다. 그리고 웃어른께 절을 올릴 경우에는 "앉으세요.", "절 받으세요."라고 말씀을 드리는 것은 절을 받으실 어른께 수고를 시키거나 명령하는 것이기 때문에 결례이다.

▌표 3.15 절을 받는 요령

첫째	• 절을 받아야 할 사람이 누워 있으면 일어나서 절을 받을 준비를 해야 한다. 그리고 직계 존속을 제외한 다른 사람들은 식사 중이면 상을 한쪽으로 비켜 바로 앉고, 불안정한 위치라면 편안한 장소에서 바로 앉는다.
둘째	• 절을 할 사람의 건강과 상황 등이 절하기에 불편하면 절을 받을 사람이 절을 하지 말라고 권해도 된다. 또한 절을 받으셔야 할 분이 절을 사양하면 절을 올리지 않아도 무방하다.
셋째	• 친척관계가 아닌 성년 연하자의 절에는 윗사람이 반드시 답배를 해야 한다. 단, 미성년 연하자일 경우에는 말로만 인사를 해도 된다.
넷째	• 아파서 누워있는 분에게는 원칙적으로 절을 올리지 않는 것이 예의이다.
다섯째	• 절하는 상대에 따라 맞절을 할 처지이면 평절로 맞절을 한다. 맞절을 할 상대에게 기본 동작에 맞게 정중하게 한다.
여섯째	• 반절로 답배할 상대에게는 간략하게 반절로 해도 된다.

3.6 직장예절

직장예절은 매너, 에티켓, 예법, 예의범절 등 여러 가지 말로 표현할 수 있으며, 좁게는 사회의 질서를 지켜주고, 넓게는 인간관계를 긍정적으로 맺어주는 행동 양식을 말한다.

▌표 3.16 직장예절 요소

인사예절	• 인사는 예절의 기본이고 인간관계의 시작이다. • 인사는 인간관계에 윤리형성의 기본이며, 애사심의 발로이다. • 상황에 맞는 인사법, 호감 가는 표정, 인사말, 호칭예절, 악수법, 명함 교환법, 노고에 대한 감사 등을 들 수 있다
자기관리예절	• 자기개발, 성실성과 노력, 공부하는 자세, 창조적 자기변화 등을 말한다. • 이기주의나 적당주의를 버리고 주인의식을 가진다. • 직장에서 오래도록 종사하려는 천직 의식을 가진다. • 정직과 성실성으로 부정한 것에 대해 비겁하게 타협하지 않는다. • 자신의 감정을 언제나 자제하는 마음이 있어야 한다.
대화예절	• 따뜻한 마음과 친절한 응대는 언어나 태도로 나타나며 서로의의 마음을 움직인다. 따라서 서로에 대한 대화 응대는 품위 있게 해야 한다. • 전화는 항상 친절하게 응대할 수 있도록 신경 써야 한다.

이미지메이킹	• 자신의 개성을 살리되, 상황과 대상에 맞는 표현이 중요하다. • 물리적인 변화가 보이지 않더라도 자신 모습의 변신은 가능하다. • 밝은 표정 만들기, 분위기에 맞는 화장법, 직장에 어울리는 옷차림을 한다.
행동예절	• 단정하고 청결한 몸가짐은 인격의 표현이며, 예절의 근본이다. • 바른 몸가짐은 모든 행동의 기본이며 교양의 척도이다. • 몸가짐에 각별한 신경을 써서 모든 사람으로부터 호감을 받도록 한다.
근무예절	• 출·퇴근 예절, 지각·조퇴 예절, 휴가·결근예절, 외출·출장 예절, 휴식, 점심 등의 예절이 있다. • 원칙과 기준을 잘 지키며, 공과 사를 구분을 명확히 구별하며, 자기방식을 고집하지 말아야 한다. • 의견 충돌 시 일단 수용 후 조심스럽게 재검토를 타진하여 갈등을 완화하는 자세를 가진다. • 부당한 요구 시 제도나 법규를 내세워 무조건 거부하기 보다는 요구의 의미를 이해하고, 상대를 위해 해결 방안을 찾기 위해 노력하는 자세를 가진다.
인간관계 예절	• 상대의 인격을 존중하고 원만한 인간관계로 인화, 단결, 협동하며 즐거운 직장생활로 효율성을 강화해야 한다. • 상호 간에 감정이 상하는 일이 없도록 하며, 있어도 인내하도록 한다. • 상대방에게 겸손하고, 공경하며 배려하는 마음으로 대한다. • 건전한 경쟁은 권장하되, 일방적인 욕심이나 허세를 부리지 않도록 해야 한다. • 상사에 대한 존경과 보좌하는 마음, 선배를 따르는 마음, 동료와 협력하는 마음, 후배에게 격려, 칭찬, 지도하는 마음을 가진다.
친절 및 서비스 정신	• 주어진 인·물적 자원을 총동원하여 양적·질적·환경적으로 만족시키고 인간적으로 감동시켜 회사에 대한 가치 창출을 함으로써 좋은 이미지를 세우는 것이다. • 보상을 바라지 않고 고마움과 기쁨을 주고, 감사함을 느끼게 하는 정성된 몸가짐과 마음가짐이 친절 및 서비스 정신이다.

농경사회에서 산업사회로 다시 정보사회로 발전하면서 생활의 형태가 바뀌고 추구하는 가치도 변하게 되었다. 그러면서 직장의 의미와 인재상도 변하고, 이에 따라 예절도 변화하면서 다양한 규범이 요구되고 있다. 그러나 창의력과 능력이 뛰어난 사람이라도 기본적인 예절을 지키지 않으면 직장 내 인간관계의 형성과 의사소통에 문제가 나타난다. 정보사회 이전의 산업사회에서는 성과를 추구하고 팀워크에 의존하지 않고 개인의 능력 발휘만으로도 어느 정도 직장에서 인정받을 수 있었다. 이젠 시대가 점점 글로벌화되고 업무의 성격이 작은 규모의 일에서 다양한 협력을 요구하는 큰 일이 되어가면서 인간관계에서의 예절이 중요해진다.[86)]

86) 조현태, 직장 예절과 직장 성공의 연관성에 대한 사례분석, 경희대학교 석사학위논문, 2010, pp.13~14.

따라서 직장의 성과는 팀워크를 전제로 하는 인간관계를 바탕으로 더욱 효과적으로 발전할 수 있다.

참고 메모 기술

1. 언제 어디서든 메모하라. 목욕, 산책, 잠들기 전 등에 언제 어디서든 메모하는 것이다. 간단한 필기도구가 있으면 좋겠지만 없을 경우 핸드폰을 사용한다.
2. 주위사람들을 관찰하라. 우선 눈에 보이는 것부터 시작하는 것이 좋다. 일을 잘 하는 사람의 방법을 보고 배우는 것이다. 일을 잘하는 사람을 관찰하고 따라하거나 일을 잘하는 사람과 자신을 비교할 수 있는 일람표를 만든다.
3. 기호와 암호를 활용하라. 메모의 내용을 자신이 보고 무슨 내용인지 알 수 있으면 된다. 중요한 것은 자신만의 메모 흐름을 만드는 것이다.
4. 중요사항은 한눈에 띄게 하라. 메모하는 방법에는 정답이 없다. 시간이 지난 후 다시 검토했을 때 중요한 부분이 한눈에 들어오도록 한다.
5. 메모하는 시간을 따로 마련한다. 하루에 한번이라도 수첩과 펜을 드는 습관이 생기면 특별히 노력하지 않아도 자연스럽게 메모할 수 있다. 이런 시간이 반복되다보면 자연스럽게 메모하는 시간이 생긴다. 적어도 일주일에 한번, 한 시간이라도 혼자만의 시간을 갖고 생각나는 것을 메모한다.
6. 메모를 DB구축하라. 메모는 어떤 형태로든 남겨두면 나중에 효력을 발휘할 수 있다. 장기적으로 지속적인 메모기록을 남겨 언제라도 메모를 살펴볼 수 있도록 한다.
7. 메모를 재활용하라. 예전 메모를 읽어보는 습관부터 길러야 한다. 그 다음 메모를 날짜별·주제별로 정리하고, 정리된 메모를 문서 보관 상자에 보관한다. 메모를 다시 읽을 때에는 느낀 점이나 아이디어를 다른 색 펜으로 정리한다.

4. 에티켓과 배려

자기주도리더십

4.1 에티켓의 개념[87)]

에티켓의 본질은 다음과 같다.

첫째, 남에게 폐를 끼치지 않는다.

둘째, 남에게 호감을 주어야 한다.

셋째, 남을 존경한다.

세 가지 뜻으로 요약될 수 있다. 즉, 에티켓은 남을 대할 때의 마음가짐이나 태도이다. 구체적인 내용으로서는 실내·외에서의 에티켓, 남녀 간의 예의, 복장·소개·결혼·흉사(凶事)·석차(席次 : 자리 순서)·편지·경례·식사예법 등 생활 전반의 분야로 나타난다.

에티켓과 매너의 차이는 한국에서는 별로 거론되지 않지만 굳이 말한다면, 매너는 일상생활 속에서의 관습이나 몸가짐 등 일반적 예의를 뜻하고, 에티켓은 어원적으로는 이보다 고도의 규칙·예법·의례 등 신사·숙녀가 지켜야 할 범절들로서 요구도(要求度)가 높은 것을 뜻한다.

87) 정영진, 지하철 에티켓 학습교육을 위한 게임 디자인 연구, 광운대학교 석사학위논문, 2013, pp.3~4.

4.2 배려의 개념

배려는 일반적으로 상대방의 입장을 우선한다는 의미이다. 국어사전에서는 “도와주거나 보살펴 주려고 마음”, 영어사전에서는 “케어(care)”라는 단어를 사용한다. 배려는 상대방이 가지고 있는 관점과 느낌에 대해서 관심, 배려, 존경을 보여주는 행동이며, 상대방의 입장을 배려하고 상호 존중하는 태도, 시간약속을 지키는 행동 등으로 나타난다.

또한 케어(care)를 번역하면 배려라는 말과 함께 보살핌, 돌봄이라는 말로 쓰이고 있다. 누군가 어떤 일 또는 어떤 사람에 대한 관심이나 경향성을 가지고 그의 입장과 관심을 고려하여 그 사람을 보살피는 것이다. 그리고 만약 자신이 누군가에게 관심을 보인다면 그로부터 그 사람이 생각하고 느끼고 바라는 것이 자신의 관심이 된다. 다시 말해서 보살핀다는 것은 어떤 사물이나 사람에 대해서 진정으로 보호하고 복지를 유지하는 의무를 가지게 되는 것을 의미한다.[88]

일반적인 배려(care)에 대한 정의는 다음 [표 3.17]과 같다.[89]

인간은 사회의 다양한 사람들과 소통하며 성장한다. 구성원으로서 올바른 인간관계를 형성하기 위해 ‘배려’하는 마음과 행동은 필수적이다. 배려는 ‘보살피거나 도와주려고 마음을 씀’, ‘관심을 갖고 생각해 주는 것’이다. 타인이 가진 성향이나 성격에 대해 민감하게 파악하는 능력, 타인이 처한 어려운 상황을 공감해주는 마음, 타인의 이익을 위해서 자기의 감정을 조절하며 타인이나 사물을 존경하는 마음, 도움이 필요한 상대에게 온정과 나눔을 베풀고 마음을 쓰는 것 등을 말한다.[90]

배려능력은 배려를 받거나 베풂으로써 계발되는 능력으로 이것을 습득할 때 실천이 가능해진다. 배려의 덕은 관용의 자세, 친절과 봉사를 포함한다. 친절과 봉사는 이타심과 자비로움을 내포하고 있다.[91] 배려는 타인의 감정에 대한 공감, 타인에 도움을 줄 수 있는 친절, 타인의 잘못에 대한 관대함을 포함한다.

첫째, 공감은 타인의 정서적 상태를 강력하게 경험하는 것으로써, 타인의 감정을 같이 나누거나 타인에 대해서 대리적인 감정 반응을 하는 것을 가리킨다.

---

88) N. Noddings, 「Caring : A Feminine Approach To Ethics & Moral Education」, L.A : University of California Press, 1984, p.9.

89) 홍루비, 학교폭력 예방을 위한 도덕윤리교과에서의 인성교육 방안, 연세대학교 석사학위논문, 2014, pp.42～47.

90) 지은림 외 5인, 인성지수개발연구, 교육부, 2013, p.11.

91) 백민경·조재순, 배려와 나눔 실천을 위한 가정과 교수·학습과정안 개발과 평가, 한국가정과학교육학회, 2015, p.18.

둘째, 친절은 정성스럽고 정다운 태도를 의미하여 타인의 행복과 기분에 관심을 보여주는 것이다. 친절은 타인에 관해 관심을 갖고 돕기를 원하며 도움을 주는 것이다.

셋째, 관대함은 너그럽고 큰마음으로 타인의 생각과 행동에 대해 너그럽게 대하는 것, 자신과 다른 생각이나 입장을 받아들이는 것을 의미한다.

▌표 3.17 배려 정의

학자	정의
마이어 오프 (Mayeroff, 1971)	다른 사람을 보살핀다는 것은 가장 중요한 의미에 있어서 그의 성장을 돕고 그 자신을 실현하도록 돕는 행위이다.
파커 (Parker, 1971)	배려를 일시적 또는 영구히 자신을 돌볼 수 없는 사람들을 보살펴주는 실질적인 행동으로 정의함으로써 배려의 행동적인 측면을 강조했다.
길리건 (Gilligan, 1982)	배려윤리의 덕목은 따뜻한 배려, 희생, 봉사, 동정심, 사랑, 박애, 상호보완성, 상호의존성, 상대방의 입장 이해, 자신의 책임과 의무, 가까운 인간관계, 애착 등이 있다.
넬나딩스 (Nel Noddings, 1984)	타인에게 감정적, 도덕적으로 전념하고, 타인에 대하여 걱정하고 염려하거나 심려의 상태로 부담감을 느끼는 것으로 크게 3가지를 분류한다. 첫째, 배려한다는 것은 어떤 대상에 대해서 부담을 느끼고, 초조해하고, 걱정하는 것이다. 둘째, 배려한다는 것은 누군가에 대해서 강한 관심이나 경향성을 느끼고 그의 입장과 관심을 고려하는 것이다. 셋째, 배려한다는 것은 책임감을 의미한다.
그레이엄 (Graham, 1995)	배려를 활동과 감정의 불가분의 관계이다. 배려가 활동이나 감정, 어느 한쪽 측면에서만 정의할 수 없다는 것을 보여주며, 배려를 '사랑의 노동'이라 한다.

5. 매너[92)]

자기주도리더십

「에티켓」의 저자 에밀리 포스트는 "예절에는 수많은 법칙이 있겠지만 그 근본정신은 이 세상을 생활하기에 좀 더 기분 좋은 곳으로 만들려는 점"이라면서 사람이 더불어 살아가는 데 있어 예절의 중요성을 강조했다. 예절은 남을 배려하고 존중하는 표현이다.

우리나라 사람들은 '우리'라는 표현을 자주 쓴다. '나' 개인보다는 '우리'라는 공동체를 먼저 생각하는 전통문화와도 밀접한 관련이 있다.

한국인의 정신은 '개인'보다는 '공동체 의식'을 중히 여긴다. '우리'라는 것은 어찌 보면 공자가 말한 인(仁)의 정신과도 일맥상통한다. 「논어」의 「안연」편에 이런 내용이 나온다. 제자 중 한 명이 "선생님은 인(仁)을 무엇이라 생각합니까?"라고 물었더니 공자가 대답하기를 "남을 사랑하는 것이다."라고 밝혔다. 남을 사랑하지 않고는 우리로 더불어 살 수 없으니 자신만을 생각하는 욕심을 버리고 남을 배려하며 살라는 뜻이다.

사람은 혼자 살지 않고 남과 어울려 살아가며 대인관계를 맺는다. 대인관계가 원만하려면 서로 상대방의 생활방식을 이해해야 한다.

결국 대인관계는 사람과 사람의 관계이므로 우리는 대인관계에 앞서 자신이 먼저 사람다워져야 한다. 사람다움은 함께 어울리는 당사자로서 모두가 공통적으로 이해되는 방법을 스스로 지니는 것이다. 관습적으로 행해지는 사회 계약적 생활규범인 예절을 바탕으로 사람이 인간으로서 자기관리와 사회구성원으로서 대인관계를 원만히 하기 위한 것이 바로 매너이다.

92) 심혜경, 매너교육의 초등도덕교육에의 적용, 부산교육대학교 석사학위논문, 2007, pp.4~9.

매너에 대한 정의는 다음과 같다.

▌표 3.18 매너 정의

학자	정의
이종철(1961)	넓은 의미에서 매너와 에티켓은 우리말의 예절, 예법, 예의라는 용어와 어감이 약간의 차이는 있으나 거의 유사한 의미를 가지고 있다.
최재선(1984)	에티켓과 매너는 예절과 같은 의미로서 우리 일상생활의 모든 일에서 이루어지는 언어, 행동을 말한다.
맹태균(1993)	매너는 방법, 방식, 태도이며, 복수형일 경우 예의범절이라고 한다. 반면에 에티켓은 예의범절, 관례로 나타난다. 매너와 에티켓의 다른 점은 매너는 제 3자의 희망사항으로 자신에게 선택의 폭이 어느 정도 주어지나, 에티켓은 자신의 의무사항으로 선택의 폭이 허용되지 않는다.
이형철(1999)	에티켓과 매너는 예의라는 의미로서 서로 구분 없이 쓰고 있으며 에티켓은 형식이며, 매너는 방식으로 양식 있는 사람의 타인에 대한 언행을 형식화한 것이다.
박한표(2004)	동양에서는 사회를 유지하는 가장 기본적인 규칙이 '예(禮)'이고 그 예가 타인에 대한 배려와 존중이 실천되는 과정에 꼭 필요한 것이 있는데 이것을 '경(敬)'이라고 부르며 이 '경'이 매너이다

매너를 습관화하면 삭막한 이 사회에 인간애를 불어 넣을 수 있다. 매너 앞에서는 남녀노소 모두가 평등하다. 아무리 직책이 높은 사람이라도 타인을 생각해 주는 마음, 나로 인하여 타인이 불편하지 않도록 배려해 주는 마음이 없다면 그는 진정한 존경을 얻기는 커녕 사람들에게 외면을 받는다.

이런 측면에서 매너는 크게 개인적 측면의 매너와 사회 구성원 측면의 매너로 구분할 수 있다. 스스로 사람다워지려는 자기관리를 수기(修己)라 하고 타인과 어울려 함께 사는 대인관계를 치인(治人)이라 한다. 수기는 자기 안에 있으면서 자기 자신에게 작용하는 기능을 가지는데 그때의 본질은 정성스러운 것이고, 치인은 자기 밖으로 나아가 남에게 활용되는 기능을 가지는데 그 때의 본질은 공경하고 사랑하는 것이다. 즉 정성은 자기를 속이지 않는 양심이고, 공경과 사랑은 어른을 공경하고 아랫사람을 사랑하는 인류애이다. 자기관리의 요령은 홀로 있을 때도 삼가는 신독(愼獨)이고 대인관계의 요령은 남을 편안하게 하는 안인(安人)이다.

매너를 통하여 타인을 배려하는 역지사지(易地思之)를 이룰 수 있으며 매너를 갖추면 삶을 살 줄 아는 방법을 아는 것이고 이것이 습관화되면서 비로소 인간의 완성이 이루어진다. 안에 있는 예절의 마음과 밖으로 나타나는 예절의 언동이 일치되어야 참

예절이라 한다. 이것이 매너의 주요기능이다.

매너는 성격에 따라 자율적 법도, 윤리적 의례, 사회 예절, 정치제도로 구분할 수 있다.

첫째, 자율적 법도는 자신의 마음을 올바르게 하고 몸을 잘 다스림으로써 스스로를 규율하는 것이다.

둘째, 윤리적 의례는 사람 노릇하여 사는데 지키는 사람으로서의 의식 예절로서 생활 윤리를 의미한다.

셋째, 사회 예절은 사회생활시 사람들 간에 정한 사회적 전례인 계약 질서이다.

넷째, 정치 제도는 조직, 단체, 국가를 유지하고 경영하는 데 필요한 타율적으로 강요되는 정치 법제이다.

따라서 매너는 형질에 따라 마음속에 내재한 실제와 일정하게 약속된 방식에 따라 상대에게 인식시키는 격식 등이 있다.

6. 창의성

자기주도리더십

6.1 창의성의 개념

창의성은 보통 기존에 없는 새로운 것에 대한 사고, 남들과 다른 차별성 등을 뜻한다. 일반적으로 학자마다 다음과 같이 창의성에 관한 정의를 내리고 있다.

▌표 3.19 창의성 정의

학자	정의
오즈본 (Osborn, 1953)	창의성은 인간 모두가 가지고 있는 보편적인 능력이며 특성으로 넓게 해석되고 있고, 일상생활에서 당면한 제반 사태나 문제를 개인 나름의 새롭고 특유의 방법으로 해결해 가는 활동이다.
매슬로우 (Maslow, 1954)	창의성은 특별한 재능의 창의성과 자아실현의 창의성으로 나누었다. 첫째, 특별한 재능의 창의성은 사회적으로 새로운 가치를 갖는가의 여부로 평가되며 과학자, 예술가, 발명가 등을 특별한 창의성을 가진 인물로 보았다. 둘째, 자아실현의 창의성은 그 사람 개인에게 있어서 새로운 가치를 지니고 있는지를 기준으로 하는 개념으로 보았다.
토랜스 (Torrance, 1958)	창의성은 새롭고 독특한 아이디어, 다른 관점, 문제를 새로운 시각으로 보는 시각이다.
겟젤스 (Getzels, 1969)	창의성은 새롭고 유용한 산출물, 확산적이고 풍부한 사고 과정, 고양되고 내재적인 주관적 경험 등으로 정의한다.
길포드 (Guilford, 1970)	창의성은 새롭고 신기한 것을 낳는 힘으로, 새로운 사고를 생산해 내는 것이며 정도의 차이는 있을지라도 모든 사람이 공유하는 것이다.
테일러 (Taylor, 1988)	생산적 사고와 창조적 사고를 표현하는 복잡한 심리적 과정으로 인내성, 성취, 변화, 개선을 구하는 태도, 아주 큰 소신을 낳게 하는 정열이다.
올산 (Olsan, 1988)	어떤 개인의 독특성에서 나오고 그 사람 내부의 힘으로 그 사람에게 가치가 있는 새로운 생각이나 참신한 통찰을 산출하는 것이다.

결국 창의성은 탐색활동을 통해 지금까지 존재하지 않은, 새롭고 유용한 것을 발견하거나 창조해 내는 능력이다.

6.2 창의성 교육요소

한국과학창의재단에서는 창의적 교육요소를 사고의 확장, 사고의 수렴, 문제해결능력 등의 인지적 요소와 개인적 성격에 따른 개방성, 독립성 등의 성향적 요소, 호기심, 몰입 등의 동기적 요소로 구분했다.

▮표 3.20 창의적 요소[93)]

구분	세부요소	
인지적 요소	• 사고의 확장	• 확산적 사고 • 상상력/시각화 능력 • 유추/은유적 사고
	• 사고의 수렴	• 논리/분석적 사고 • 비판적 사고
	• 문제해결능력	• 문제발견 • 문제해결
성향적 요소	• 개방성	• 다양성 • 복합적 성격 • 애매모호함에 대한 참을성 • 감수성
	• 독립성	• 용기 • 자율성 • 독창성
동기적 요소	• 호기심/흥미 • 몰입	

93) 한국과학창의재단, 창의·인성교육의 총론적 고찰, 2011, pp.11~12

6.3 창의적 사고 기법[94)]

① 브레인스토밍(Brainstoming)

브레인스토밍은 1938년 광고회사 비비디오(BBDO)의 창립자 알렉스 오스본(Alex Osborn)이 개발한 것이다. 특정한 주제에 대해 두뇌(brain)에서 폭풍(storming)이 휘몰아치듯이 생각나는 아이디어를 많이 내놓는 것이다. 짧은 시간에 많은 아이디어의 생성이 주목적이고 집단토론에서 사용하며, 수업 과정에서 접하게 될 사건에 대하여 가능한 모든 원인을 찾는 데 사용한다.

브레인스토밍의 일반 원칙으로 자유롭게 자신의 의견에 대해 이야기 하도록 하며 타인이 내 놓은 아이디어에 대해서도 비판을 금지한다. 자유로운 분위기를 유지하며 2개 이상의 아이디어 결합과 개선을 통해 더 많은 아이디어를 얻도록 한다.

표 3.21 브레인스토밍 기본 규칙[95)]

기본규칙	내용
비판금지	아이디어를 내놓는 동안 어떤 아이디어라도 절대로 비판하거나 평가하지 않는다.
자유분방	아이디어가 비현실적이거나 터무니없는 것 일지라도 모두 받아들여야 한다.
양산	좋은 아이디어를 얻기 위해서는 가능한 한 많은 아이디어가 요구된다.
결합과 개선	두 개 이상의 아이디어를 결합하여 제3의 아이디어를 이끌어 낼 수 있도록 한다.

진행절차는 다음과 같다.

첫째, 전체 집단을 5~6명의 모둠으로 구성한다.

둘째, 문제에 대한 폭 넓은 시각을 갖고 다양한 아이디어가 산출되도록 한다.

셋째, 사회자는 많은 아이디어를 말하도록 자유스럽게 진행한다.

넷째, 기록자는 발표 내용의 핵심단어만 전부 기록한다.

다섯째, 아이디어 생성을 위한 시간이나 개수를 미리 정할 수도 있다.

여섯째, 아이디어가 정리된 다음 하나씩 평가하는 과정을 거쳐 좋은 아이디어를 선택한다.

94) 정유주, 창의·인성교육을 위한 고등학교 건축디자인 수업방안, 숙명여자대학교 석사학위논문, 2014, pp.12~19.

95) 최혜향, 창의·인성교육을 위한 음악수업 지도방안, 공주대학교 석사학위논문, 2013, p.10.

브레인스토밍 기법을 통해 창의성의 인지적 요소인 사고의 확장을 통한 확산적 사고, 상상력을 경험할 수 있으며, 성향적 요소인 개방성에서는 다양성, 감수성을, 동기적 요소에서는 몰입을 경험할 수 있다.

② 브레인라이팅(Brainwriting)

브레인라이팅은 각자의 아이디어를 밖으로 표현하는 아이디어 발상법이 아니라 조용히 침묵하여 제 각기 다른 구성원의 아이디어를 참고하는 '침묵의 집단 발상법', '침묵의 회의'라고도 불린다.[96)]

브레인라이팅의 장점은 다음과 같다.

첫째, 전원이 평등하게 발상할 수 있다.

둘째, 지위나 입장이 달라도 눈치 보지 않고 발표할 수 있다.

셋째, 처음 만나는 사람과도 얼마든지 가능하다.

넷째, 다른 사람의 발언으로 사고가 방해받는 것을 막아준다.

다섯째, 정확한 기록을 남길 수 있다.

여섯째, 혼자서도 할 수 있다.

일곱째, 한 자리로 모이지 않고 인터넷으로도 가능하다.

구체적인 진행 절차는 다음과 같다.

첫째, 전체 집단을 5~6명의 모둠으로 나누어 구성한다.

둘째, 활동지를 각 그룹원에게 한 장씩 배부한다.

셋째, 브레인라이팅 원리를 숙지한다.

넷째, 활동지 상단에 문제를 진술한다.

다섯째, 그룹원은 진술한 문제에 대하여 말없이 가로로 3개의 아이디어를 적는다.

여섯째, 다른 사람이 적어 둔 것을 가져와서 다음 줄에 쓴다.

일곱째, 참여자들의 아이디어가 떨어질 때까지 계속한다.

여덟째, 제시된 모든 아이디어를 모아서 편집한다.

---

96) 남지연, 심벌마크디자인 교육에서 브레인라이팅과 트리즈를 활용한 아이디어 발상 프로그램에 관한 연구, 국민대학교 석사학위논문, 2012, p.31.

③ 스캠퍼(SCAMPER)기법

스캠퍼기법은 창의력 증진기법으로 아이디어를 얻기 위해 의도적으로 시험할 수 있는 7가지 규칙을 말한다. 미리 문제해결의 착안점을 정해놓고 다각적인 사고를 해 봄으로써 아이디어를 얻는 기법이다. 알렉스 오스본(Alex Osbone)이 소개하고 로버트 에벌리(Robert Eberle)가 재구성한 아이디어 촉진 질문법이다. 이 기법은 기존의 제품을 개선하거나 신제품을 만들어 낼 때 유용하게 사용한다.

문제해결을 위한 7단계의 착안점에 따른 질문에 답하는 방식으로 다양하게 사고해 본다. 새로운 아이디어를 얻는 데에 목적이 있으므로 다소 비현실적인 발상을 하더라도 무한한 가능성을 열어두고 생각을 전개한다. 대구광역시 교육청의 「창의수업길라잡이」 에서는 SCAMPER 기법의 단계별 질문을 다음과 같이 제시하고 있다.

▌표 3.22 SCAMPER 기법 질문

구분	단계	질문
1	대체(Substitute)	• 다른 누구? • 다른 재료? • 다른 장소?
2	결합(Combine)	• 혼합하면? • 목적을 합하면? • 아이디어를 조합시키면?
3	적용(Adapt)	• 이것과 비슷한 것은? • 이것은 어떤 아이디어를 시사하는가? • 내가 흉내 낼 수 있는 사람은?
4	수정-확대-축소 (Modify-magnify-minify)	• 확대시키면? • 의미, 색깔, 소리, 향기, 형태 등을 바꾸면? • 더 길면? 생략하면? • 작게(가볍게, 쉽게, 짧게)하면?
5	용도변경 (Puttootheruse)	• (모양, 무게, 형태 등)다른 용도는? • 수정하면? • 맥락을 바꾸면?
6	제거하기(Eliminate)	• 이것을 없애 버리면? • 압축시키면? 낮추면? • 없어도 할 수 있는 것은?
7	재배열 (Rearrange-reverse)	• 거꾸로 하면? • 역할을 바꾸면? • 위치를 바꾸면? • 원인과 결과를 바꾸어 보면?

7. 언어적 대인기술

자기주도리더십

7.1 경청

상대방의 이야기에 관심을 갖고 공감을 나타낼 때, 상대방은 이해 받고 있다고 생각한다. 이러한 방법을 경청이라고 하며, 경청을 크게 두 가지로 구분한다.

첫째, 적극적 경청이다. 상대방의 이야기에 집중하고 있다는 표현을 하며 듣는 것이다. 상대방의 말에 이의가 있더라도 수용적 태도를 갖는다. 화제의 주도권을 상대방에게 부여하고, 상대방의 말에 관심을 표현하면 자연스럽게 상대방의 느낌을 할 수 있다.

둘째, 소극적 경청이다. 상대의 이야기에 대해 특별한 표현 없이 수동적으로 듣는 것이다.[97]

97) 짐작하기, 대답할 말 준비하기, 걸러내기, 판단하기, 딴 생각하기, 조언하기, 언쟁하기, 슬쩍 넘어가기, 비위맞추기 등이 있다.

참고 경청을 방해하는 요소

1. 넘겨짚기
   "더 이상 말하지 않아도 돼. 무슨 이야기를 하려는지 알겠군."
   "잠깐, 그러니까 ○○○이야기를 하려는 거지?"
2. 건성으로 듣기
   "그래. 그래. 다 알아들었어."
   "뭐? 지금 뭐라고 그랬지?"
3. 정답을 주어야 한다는 부담감 가지기
   "이 이야기를 왜 나한테 하는 건가?"
   "○○에 따르면, 그 문제는……."
4. 세부 사항에 집착하기
   "잠깐, 그건 아까 한말이랑 약간 안 맞는데……."
   "○○가 아니라 △△라고 해야 맞지."

7.2 질문

질문은 상대방의 의견에 공감하면서도 궁금한 사항과 의심나는 사항 등에 의견을 듣고 싶을 때 하는 행위이다. 대답을 들으면 상대방에 대한 이해가 깊어지고 나의 생각을 확실하게 정리할 수 있다.

또한 질문은 상대방을 존중하고 상대방의 생각에 관심이 많다는 것을 간접적으로 표현하는 행위이다. 나아가 상대방을 격려하고 남들과 다른 생각을 촉진시킬 수 있는 계기를 마련해 줄 수 있다.

좋은 질문일수록 상대방은 당장 대답할 수 없어 곤혹스러워 할 수 있으나 잠시 기다려 줌으로써 자기 내면에 숨어 있던 생각을 스스로 찾아내고 발견하게 유도할 수 있다. 반면 질문이 적절치 않을수록 상대방을 당혹스럽게 하고, 조롱과 비난으로 상대방이 받아들여 대인관계가 악화될 수 있다.

그렇기 때문에 부정적인 면을 강조하는 질문보다 가능하면 긍정적인 표현으로 질문해야 한다. 질문은 두 가지 기능을 가지고 있다.

첫째, 소극적인 기능이다. 상대에게 추가적인 정보를 요청하고 상대의 태도, 감정, 의견을 확인하는 행동이다.

둘째, 적극적인 기능이다. 상대방의 의견을 변화시키기도 한다.

7.3 공감

상대방의 주관적인 기분과 입장에 대한 정서적 이해를 의미한다. 공감을 잘하는 사람은 상대방의 입장과 관점에서 이해하려 하고, 상대방의 이면에 깔려있는 정서적 의미를 포착하려 하며, 자신의 느낌을 상대방에게 전달하려 노력한다.

7.4 설명

우리는 대인관계에서 자신의 입장, 생각, 지식을 상대방에게 전달해야 하는 상황에 늘 놓인다. 이때 납득, 설득, 발표와 같이 자신의 생각을 잘 표현하고 설명하는 일은 대인기술 중 중요한 요소이다.

자신의 소유 정보를 상대방에게 제공하고 공유하기 위한 의사소통기술이며, 정보 제공뿐만 아니라 어떤 현상에 대한 불확실성을 감소시키고, 자신의 의견, 태도, 가치를 표명하는 행위이다.

설명을 잘 하기 위한 방안은 다음과 같다.

첫째, 설명하는 상황과 상대방에 대한 고려가 필요하다.

둘째, 설명하고자 하는 목적에 따라 방식이 달라져야 한다.

셋째, 상대방의 이해 수준에 따라 설명을 해야 한다.

넷째, 설명의 내용, 순서, 방식에 대해 미리 계획하고, 준비하는 노력이 필요하다.

다섯째, 설명 내용은 간결·분명·정확·체계적으로 표현해야 한다.

여섯째, 보조적인 설명 도구를 활용하는 것도 좋다.

7.5 강화

강화는 상대방에게 인정, 긍정, 칭찬, 격려, 지지 등을 전달하는 언어적 표현이다. 상대방이 이해받고 있다는 느낌을 갖게 함으로써 대인관계의 관심과 참여를 높일 수 있다. 상대방의 자신감과 자존심을 높여주어 대인관계가 즐겁게 이루어질 수 있도록 한다. 인간 행동은 보상적 대인관계에서 더욱 촉진될 수 있기에 상대방에 대한 강화는 대인관계 발전으로 이어질 수 있다.

7.6 자기공개

자기공개는 일반적으로 알려져 있지 않는 자신의 개인적인 정보를 상대방에게 의도적으로 노출시키는 행위를 말한다. 상대방의 경계심과 두려움을 완화시키고, 자신에 대한 신뢰감을 증진시킬 수 있다. 결국 솔직하고 깊이 있는 대화가 가능하고, 사적인 정보의 공유가 이어질 수 있다.

7.7 자기주장

자기주장은 자신의 개인적인 권리를 옹호하고 향상시키기 위해 자신의 사고, 감정, 신념을 직접적이고 솔직하게 표현하는 행동이다.

라자루스(Lazarus, 1971)는 자기주장을 4가지로 제시했다.

첫째, 들어주기 어려운 상대방의 요청을 거절하는 것이다.

둘째, 상대방에게 부탁을 하거나 요청을 하는 것이다.

셋째, 긍정적 감정과 부정적 감정을 표현하는 것이다.

넷째, 대화를 원하는 때 시작하고 원하는 때 종결하는 것이다.

7.8 유머

유머는 대인관계 속에서 긴장을 해소하여 편안함을 제공하고 대인관계를 유쾌하게 만든다. 우리의 대인관계가 늘 재미있고 유쾌할 수는 없겠지만 지나치게 진지하고 딱딱한 관계를 부담스럽다. 그렇기 때문에 유머 시 대상·장소·시간 등을 적절하게 고려하여 구사하는 것이 중요하다. 유머에는 철학과 지혜가 담겨 있는 건설적인 것도 많기 때문에 상대방의 유머에 관심을 갖고, 유머를 잘 표현하는 사람들의 특징을 관찰 및 기록하여 자신의 것으로 만드는 것도 좋다.

8. 경청[98)]

자기주도리더십

8.1 경청을 통한 인간관계 형성

① 상대방에 대한 관심 표현

상대방에 대해 잘 알지 못하면서 호감을 얻으려고 섣불리 내뱉은 말들은 부정적인 결과를 초래할 수 있다. 하지만 상대방의 말을 잘 들으면 그 자체로도 호감을 얻을 수 있다. 말하지 않고 잘 들어주는 것만으로도 교감할 수 있다.

② 초기단계 신뢰감 형성

나를 있는 그대로 수용한다는 느낌을 주는 사람에게는 긴장을 늦추게 되고 더욱 신뢰감이 생긴다. 신뢰감을 얻기 위해 섣부른 조언을 하다보면 신뢰감보다는 거부감을 줄 수 있다.

③ 적절하고 효과적인 반응

대화시 주의 깊게 이야기를 듣지 않으면 상대방의 의도와 동떨어진 대답을 하게 된다. 그렇기 때문에 적극적인 경청을 통해 상대방을 더 깊이 알 수 있고, 이에 뒤따르는 반응 또한 적절하고 효과적일 수 있다.

98) 이현주, 관계의 99%는 소통이다, 원앤원북스, 2016, pp.54~56.

④ 긍정적인 관계 형성

상대방에 대한 관심을 포현하고 신뢰를 쌓으며 적절한 반응으로 대화를 이어간다면 서로에 대한 인상은 긍정적일 수 있다. 긍정적인 관계는 결국 활발한 의사소통으로 이어질 수 있다.

8.2 효과적인 경청방법

① 준비

수업 및 강연 등에 참가하면 강의계획서를 나누어준다. 이때 올바른 경청을 하려면 주제나 용어 등에 친숙하도록 미리 그 계획서를 읽어 두어야 한다.

② 주의 집중

말하는 사람의 언어적 요소와 비언어적 요소에 집중해서 적극적으로 들어야 한다. 말하는 사람의 속도와 말을 이해하는 속도 사이에 발생하는 간격을 없앨 수 있는 방법을 꾸준히 찾도록 노력해야 한다.

③ 예측

대화를 하는 동안 시간 간격이 있으면, 무엇을 말할 것인가를 추측할 수 있다. 이러한 추측은 주의를 집중하는데 도움이 된다.

④ 나와 관련 맺기

상대방이 전달하려는 메시지가 나의 삶, 목적, 경험 등과 어떤 관련이 있는지 생각해본다. 나 자신의 관심이라는 측면에서 메시지를 이해하면 주의를 집중시키는데 도움이 된다.

⑤ 질문

질문에 대한 답이 즉각적으로 이루어질 수 없다고 하더라도 질문을 하고자 하는 마음은 적극적인 경청으로 이어질 수 있다.

⑥ 요약

대화 도중에 주기적으로 내용을 요약하면 전달하려는 메시지를 이해할 수 있고, 그 사상과 정보를 예측하는데 도움이 된다.

⑦ 반응

반응은 상대방이 말한 것에 대해 이야기하고, 질문을 던져 그 이해의 폭을 넓혀 메시지를 명료화하는 것이다. 반응은 상대방에 대한 나의 지각이 옳았는지 확인할 수 있는 기회로서 오해가 있었다면 고칠 수 있도록 유도한다.

8.3 공감적 경청 방법

① 경청 반응을 비언어적으로 보여준다.

상대방을 부드럽고 부담 없는 시선으로 응시하며 상체를 상대방 쪽으로 약간 기울인다. 그리고 인정한다는 의미로 고개를 끄덕인다. 시선을 외면하거나 뒤로 젖혀진 자세는 상대방에게 거부감과 무시당하고 있다는 기분을 줄 수도 있다.

② 입장을 바꾸어 생각한다.

사람마다 성장 배경과 처지가 다르기 때문에 자신의 생각과 다르더라도 상대방의 입장에서 그럴 수밖에 없는 이유를 찾는다.

③ 의문점이 있으면 반드시 질문한다.

지레 짐작으로 넘어가지 말고 확실하게 그 내용을 파악하려고 노력한다. 그래야 상대방이 자신의 말에 관심을 가지고 있다는 것을 알고, 공감 수준도 넓어진다.

④ 선입관과 편견에서 벗어난다.

상대의 과거, 전해들은 말, 신체적 특성 등에 의한 선입관을 가지지 말고, 지금 현재의 상황만을 보려고 노력한다.

⑤ 결점·문제점 보다는 감춰진 장점·잠재력을 찾으면서 듣는다.

누구나 사람은 상대방의 문제점은 잘 찾는다. 그러나 공감을 잘하고 말을 잘 들어주는 사람은 상대방의 감춰진 장점을 찾는 능력이 뛰어나다.

⑥ 표현된 말 보다는 비언어적인 제스처에 귀를 기울인다.

언어적 요소보다 비언어적 요소인 목소리의 강약과 떨림, 시선, 제스처, 억양, 표정, 자세 등에 보다 많은 내면적 정보가 있다.

9. 소통을 위한 대화

자기주도리더십

9.1 말 잘하는 방법[99)]

① 관심을 갖고 대화를 시작하라.

자신이 무엇을 말해야 할지 아는 것만으로는 충분하지 않다. 어떻게 말해야 할지를 알아야 한다. 누군가가 먼저 말을 시키기를 바라지 말고 내가 먼저 관심을 보이고 말을 시작해야 한다. 그러면 사람들은 자신의 마음을 말로 표현할 때, 힘 있게 살아갈 수 있고 삶이 달라진다.

② 쌓아놓은 불만을 쏟아내지 마라.

우리는 말의 중요성을 깨달아야 한다. 말을 함부로 하는 것은 타인을 언어로 학대하는 것이며, 자신 스스로 언어의 감옥에 갇히는 것이다. 부주의한 말 한 마디는 신용을 잃게 만든다.

③ 자신감을 갖고 마음의 통로를 열어라.

자신감이 없으며 긴장하게 되고 스트레스가 쌓인다. 그러나 긴장을 풀고 자신의 있는 모습을 거짓 없이 진솔하게 표현한다면 가장 쉽게 공감을 얻을 수 있게 된다.

99) 용혜원, 말 잘하는 사람이 성공한다, 책만드는집, 2003.

④ 실수는 넓은 마음으로 용서하라.

심리학에 있어서 실수는 단순한 우연히 아니라 반드시 그 원인이 있다고 한다. 원하지 않는 일을 한다든지 근심이나 걱정 등으로 정신이 혼란한 상태에서는 실수를 더 많이 하는데 이것들이 바로 심리적인 원인 때문이다.

따라서 실수는 자신의 현재 심리상태를 돌아보고 정신을 차리라는 마음의 신호이다. 일상에서 일어나는 사소한 실수들로 인해 괴로워하거나 자학하기 보다는 좀 더 자신을 발전시키고 겸허해질 수 있는 하나의 자극제로 받아들여야 한다.

⑤ 행복한 마음을 표현하라.

행복을 얻는 방법은 다음과 같다.

첫째, 행복의 중요성과 가치를 깨닫는다.

둘째, 행복을 결심한다.

셋째, 행복하게 살아가는 방법을 연구한다.

넷째, 행복을 위한 계획을 수립한다.

다섯째, 행복해진 모습을 마음속에 그려본다.

여섯째, "나는 행복하다."라는 말을 자주해야 한다.

일곱째, 행복하기 위해 자신의 장점만 보고, 그것을 극대화시킨다.

⑥ 정직하고 진실하게 말하라.

대화를 나눌 때 장황한 말만 늘어놓으면 정작 필요한 말을 못한다. 쓸데없이 장황하게 말이 많으면 진실이 사라진다. 대화를 나눌 때에는 간결하고 명료하게 한다.

⑦ 자신감 넘치는 말을 하라.

러시아의 소설가 겸 극작가인 안톤 체호프(Anton Chekhov)는 "부드러운 말로 상대를 설득하지 못하는 사람은 위엄 있는 말로도 설득하지 못한다."라고 했다. 각자 자신감 넘치는 말로 상대방에게 다가가야 한다.

⑧ 칭찬하는 말을 하라.

첫째, 칭찬을 아끼지 말라.

둘째, 칭찬은 사람의 마음을 움직이는 위력이 있다.

셋째, 칭찬은 상대방의 마음을 이해하는데 도움을 준다.

넷째, 우리는 칭찬을 받으면 삶에 활력을 찾게 된다.

다섯째, 칭찬은 보약과 같은 힘을 발휘한다.

여섯째, 하루에 한 번 이상 칭찬을 하며 살아가자.

⑨ 감정을 절제하라.

우리 인간은 화를 내서 상대방에게 일정한 해를 끼치면 분명히 자신에게 그 화가 돌아와 병이 된다. 그러기에 감정을 늘 절제할 수 있어야 한다.

⑩ 대화로 풀어 나가라.

대화로 원만한 인간관계를 이루는 방법은 다음과 같다.

첫째, 생각하는 것보다 늘 적게 말하라.

둘째, 무엇을 말하느냐보다는 어떻게 말하느냐가 더 중요하다.

셋째, 약속을 충실하게 이행하라.

넷째, 좋은 일은 많이 칭찬해 주어라.

참고 효율성 제고

1. 업무는 반드시 시간을 정해두고 처리하라.
2. 자신이 집중할 수 있는 환경을 만든다.
3. 메인이 되는 일을 할 때에는 다른 일을 하지 않는다.
4. 장기 목표에 앞서 중간 목표를 정함으로써 일의 효율을 높인다.
5. 타이머를 활용하여 30분이나 1시간 안에 처리해야 할 일을 설정하여, 최대한 그 시간에 집중한다.

9.2 감정이 담긴 대화 훈련 방법[100)]

① 1단계

가능하면 아래의 문장들을 자주 사용한다.

"그 말을 들으니 참 좋군요."

"당신의 그 말이 싫어요."

"당신의 그 행동을 참 좋아해요."

"당신의 그 행동이 싫어요."

"당신이 이렇게 해줬으면 좋겠어요."

"당신이 그렇게 행동하는 건 싫어요."

자신의 감정을 강조하여 주위 사람들과 직설적으로 대화를 한다. 또한 '나'라는 단어를 사용하여 스스로 자신을 대화에 참여시킨다. 예를 들어 "나는 당신의 글씨가 좋아요."라는 말은 "글씨가 참 좋은데요."라는 말보다 훨씬 친밀하다.

② 2단계

다음과 같은 훈련노트를 만든다.

	첫째 주	둘째 주	셋째 주
월			
화			
수			
목			
금			
토			
일			
주일 합계			

100) 김대규, 권경택, 김승묵, 교양인을 위한 리더십, 학문사, 2006.

밤이 되면 그날 하루 동안 감정이 담긴 대화 문장을 몇 번이나 말했는지 횟수를 기록하고 주말이 되면 한 주 동안 말한 총 횟수를 기록한다. 이런 훈련을 3주 동안 계속한다. 감정표현을 잘 하지 못하는 사람은 하루에 한 두 번 이상, 일주일 내내 이런 감정이 담긴 문장을 말하지 못한다.

③ 3단계

처음 일주일 동안 어떤 방법으로 감정이 들어간 말을 했는지 검토한 후 둘째 주보다 그 횟수를 늘린다. 첫째 주에 한 두 번씩 말했다면 둘째 주에는 좀 더 현실적인 목표량을 정해 하루에 한번 정도 말하도록 한다. 이때 하루에 두세 번 말한 사람은 그 횟수를 배로 늘린다. 한주가 지나면 둘째 주에는 첫째 주와 비슷한 목표량을 채우고, 셋째 주부터는 목표를 다시 높게 세운다. 감정 문장이 어려우면 "나는 그렇게 생각해!", "나는 그렇게 생각하지 않아."라는 문장을 사용하는 것도 좋은 방법이다. 일단 자신에게 맞는 감정 문장을 찾으면 되도록 자주 말한다.

④ 4단계

둘째 주까지 성공하면 어떻게 감정 대화를 했는지 분석한다. 사람들 중에는 "나는 당신이 이렇게 해줬으면 좋겠어요.", "나는 당신이 이렇게 하지 않으면 좋겠어요."라는 말을 어려워하는 사람이 있다. 이런 말은 타인에게 요구를 하거나 압력을 가하는 것이며, 듣는 사람을 분개시킨다고 생각하기 때문이다. 만약 상대방이 거절할 때, 다소 실망스러울지라도 분노나 우울상태에 빠지지 않는다면 상대방에게 나 자신은 거절의 자유를 준 것이다. 즉, 상대방의 거절 권리를 알게 된다면 "나는 당신이 이렇게 해주었으면 좋겠어요."라는 말을 훨씬 쉽게 사용할 수 있다.

10. 부적응적 대인기술

자기주도리더십

대인관계에서 목표를 실현하기 위한 행동기술은 미묘하고 복잡하다. 대인기술은 진실성, 양과 빈도, 다양성, 시기 및 장소의 적절성 등에 따라 효과가 다양하게 나타난다.

10.1 대인기술 미숙형

미숙형은 성장과정에서 적절한 대인기술을 습득하지 못한 사람들로서 대인동기가 강해도 원하는 관계를 형성을 하지 못한다. 타인이 호감을 느끼도록 자신을 나타내지 못하고, 타인의 행동에 적절하게 반응하지 못한다.

10.2 대인기술 억제형

억제형은 적절한 기술을 가지고는 있지만 특정상황에서 이런 기술이 억제된 사람이다. 억제의 원인은 심한 긴장, 불안, 두려움 등 심리적 요인이 가장 크다.

익숙하지 않은 위협적인 상황인 부탁 자리, 면접 자리, 발표자리 등에서는 적절한 행동을 하지 못하고, 말을 더듬고 당황하여 횡설수설하며 손과 발에 땀이 많이 나고, 몸이 굳어지며, 그 상황을 두려워하여 회피하려 한다.

10.3 부적응적 대인기술 극복

대인관계도 다양한 대인기술을 배워 익혀야 자신이 원하는 인간관계를 창출해낼 수 있다. 사실 원만하고 효율적인 인간관계를 맺는 사람들 중에는 혼자만의 노력과 훈련을 하는 사람이 많다.

첫째, 자신의 말을 녹음하여 들어보고 말투, 사용 단어, 어법 등을 분석·변화시켜 본다.

둘째, 자신이 의식하지 못하는 대인기술에 대한 반응을 타인에게 구한다.

셋째, 관찰을 통해 바람직한 대인기술을 자신의 것으로 만든다.

참고

나는 언제나 당신 곁을 떠나지 않는 동반자입니다.
나는 당신의 가장 충실한 조언자이고, 가장 무거운 짐입니다.
나는 당신을 밀어 올릴 수도 있고 아니면 실패의 나락으로 끌어내릴 수도 있습니다.
당신은 당신의 하는 일 가운데 절반을 나한테 떠넘길 수 있습니다.
그러면 나는 순식간에 그리고 정확하게 그것을 해치웁니다.
나를 다루는 일은 무척 쉽습니다.
나를 꽉 붙잡고 있기만 하면 됩니다.
일을 어떻게 하면 좋은지 정확하게 보여만 주세요.
몇 번만 연습하면 나는 자동으로 그것을 해냅니다.
나는 모든 위인의 하인입니다. 그러나 실패자의 하인이기도 합니다.
위대한 사람이라면 나는 위인을 만들어 냅니다. 하지만 실패자라면 나는 실패자를 만들어 냅니다.
나는 기계처럼 정확하게 움직이지만 그렇다고 기계는 아닙니다.
인간의 지성을 가지고 있습니다.
당신은 나를 움직여 이득을 볼 수도 있고 파멸을 맞을 수도 있습니다.
어느 쪽이든 나한테는 아무 상관이 없습니다.
나를 꽉 붙잡고 훈련시키세요.
그러면 당신에게 이 세상을 드리겠습니다.
대신 나를 편히 놓아주시면 나는 당신을 파멸로 인도할 겁니다.

나는 바로(   )입니다.

(습관)

11. 시간관리[101]

자기주도리더십

시간관리의 대상이 되는 시간은 유한성과 무한성으로 나뉜다.

첫째, 유한성의 입장에서는 시간은 누구나에게 공평하게 주어지는 유한한 자원이다.

둘째, 무한성의 입장에서는 시간을 어떻게 사용하느냐에 따라 그 가치가 달라진다.

또한 시간은 물리적, 심리적 두 가지 측면에서도 살펴볼 수 있다.

첫째, 물리적인 측면에서는 불변이다.

둘째, 심리적인 측면에서는 가변적이어서 인간의 심리상태에 따라 시간에 대한 지각이 달라진다.

이처럼 시간은 그 자체가 자원이면서 동시에 화폐, 에너지, 기술 등의 타자원과 함께 사용되는 결합자원이다. 이렇게 인간의 모든 행동에 필수적으로 사용되는 시간은 타자원과의 상호관계를 이루고 있다.

시간관리는 주어진 시간 내에 욕구와 필요에 맞추어 우선순위를 정하고 알맞게 시간을 배분·사용하는 개념이며 동시에 이를 더 확장해 보면 활동관리라고도 볼 수 있다. 목표를 성취하기 위해 활동의 우선순위를 정하고 이를 실천할 수 있도록 자신과 환경을 통제하는 행위이며 생활관리를 통하여 자신의 삶을 적극적으로 통제하는 인지적인 자아 관리 전략이다.

101) 박희영, 시간관리 훈련 프로그램이 초등학교 아동의 자기주도적 학습력 및 자기통제력에 미치는 효과, 한국교원대학교 석사학위논문, 2009, pp.7~13.

시간은 사람에 따라 그 질적인 가치가 달라진다. 저장을 하거나 빌려 쓰는 대상은 아니지만 시간이 흐르는 동안 개인이 어떻게 활동하느냐에 따라 관리가 된다. 여기에서 시간관리는 생활관리, 인생관리, 자기관리를 뜻한다.

시간관리 지침들은 개인의 필요와 욕구를 파악해보고, 우선순위를 정하고 시간이나 자원을 알맞게 배분하는 것을 말한다. 관리 대상은 시간을 효율적으로 쓰기 위해 그 시간이 흐르는 동안 개인이 행하는 '활동'을 '관리'하는 것이다. 즉, 목표를 성취하기 위해 활동의 우선순위를 정하고 이를 실천할 수 있도록 환경과 자신을 통제하는 것이다.

시간관리는 자신이 원하는 생활목표를 달성하기 위하여 시간을 사용하는 방법을 개발하고 습관화하는 것이다. 효율적인 시간관리의 실제적인 방법은 무의미한 낭비를 줄이고 최대한 시간을 절약할 수 있는 방안을 찾는 것이다.

참고 스케줄 관리

1. 빽빽하게 스케줄을 잡지 마라. 얼마나 공백시간을 잘 유지하느냐가 스케줄을 정하는 기본이다.
2. 타이트한 스케줄은 다음 업무에 지장을 초래할 수 있다.
3. 지금까지 업무 경험을 참고로 구체적인 일정을 수립하라.
4. 업무와 관련된 사람과 다른 회사의 일정을 미리 파악한 후 전체의 흐름을 결정한다.
5. 변경사항은 그 즉시 기록하고 그에 따른 다른 업무의 지장이 없도록 파악한다.
6. 업무 전체의 스케줄을 살펴본 후 무리한 것이 없는지를 살펴본다.

시간관리를 위한 일반적인 전략은 다음과 같다.

첫째, 목표 설정이다. 목표 설정은 일을 하고자 하는 동기를 유발시킬 수 있다. 목표를 설정하고 그것을 달성하기 위해 노력한다면 자연스럽게 에너지의 낭비를 막고, 본질적인 일에 집중할 수 있다.

둘째, 계획표 작성이다. 계획표를 작성하면 심리적 동기가 부여되어 행동할 때 목표를 보다 명료히 의식하게 됨으로써 자신의 계획에 대하여 엄격한 태도로 임하게 되고 목적하는 것에 집중할 수 있어 늘 그 성과를 반성할 수 있다. 시간관리를 위한 계획(planning)은 일생, 수년, 연간, 월간 목표를 미리 계획하는 것을 말하고, 스케줄은 1시간, 1일, 1주 등 짧은 기간의 단기적 목표를 성취해 나가기 위한 계획을 말한다. 스케줄에는 누가, 언제, 어디서, 어떤 순서로 얼마 동안의 시간에 해야 할까를 생각한다. 스케줄 작성 시 일지, 시간표, 달력 등을 사용하면 일탈되는 일을 조정하여 효율적인 시간 활용 및 시간 반성에 도움이 된다.

셋째, 긴급성과 중요성에 따른 우선순위 결정하여 적절한 양의 시간을 투자한다. 일의 긴급성과 중요성은 반드시 일치하는 것은 아니다. 많은 양의 시간보다는 우선순위를 정하는 것이 시간관리를 잘하는 첫걸음이다. 이에 대해 「성공하는 사람들의 일곱 가지 습관」[102]의 저자 스티븐 코비는 "중요한 것을 우선시하라."라고 말한다. 우리는 보통 긴급함과 중요도에 따라 시간을 사용하고 있다. 중요하지만 긴급하지 않은 일을 우선적으로 하되, 긴급한 일을 해결할 시간도 매일 남겨두어야 한다.

넷째, 마감시간과 자투리시간을 이용한다. 파킨슨(Pakinson)의 법칙[103]을 통해 일의 마감시간을 정해 놓는다. 사람들은 시간이 제한되어 있고 바쁠 때 더 많은 활동을 효율적으로 수행한다. 자투리 시간은 활동과 활동 사이에서 저절로 생겨나는 시간들로서 예정된 일이 일찍 끝나거나 기다리며 보내는 시간들도 여기에 해당된다. 자투리시간 1, 2분은 활용도가 거의 없으나 5분 이상이 되면 활용도가 높아진다. 평소에 자투리 시간을 어떻게 활용할 것인가에 대한 구체적 방안을 가져야 한다. 짧은 기간 동안이라도 창조적으로 이용할 수 있어야 한다.

---

102) 스티븐 코비의 7가지 습관은 다음과 같다. 첫째, 자신의 삶을 주도하라. 자신에게 영향을 주는 모든 것 중에서도 스스로 통제할 수 있는 사람과 사물에 집중하라. 모든 사람은 자기의 삶에 변화를 줄 수 있다. 둘째, 끝을 생각하며 시작하자. 목적지에 대한 뚜렷한 비전을 만들려면 어떤 삶을 살고 싶은지 결정해야 한다. 셋째, 소중한 것을 먼저 하라. 중요하지만 긴급하지 않은 일을 우선적으로 하되, 긴급한 일을 해결할 시간도 매일 남겨두어야 한다. 넷째, 윈-윈을 생각하라. 서로 윈-윈하는 태도를 취할 때 팀워크가 생긴다. 다섯째, 먼저 이해하고 그 다음에 이해시켜라. 사람들이 다투는 이유는 대부분 잘못된 의사소통 때문이다. 다른 사람의 이야기를 진정으로 공감하며 듣는 것이 우선이다. 여섯째, 시너지를 내라. 서로 다름을 인정하고 더 좋은 결과를 위해 그것을 활용하라. 무능한 사람만이 한 가지 입장을 고수한다. 유능한 사람은 상대를 이해하고 쌍방이 만족할 만한 해결책을 제시한다. 일곱째, 끊임없이 쇄신해야 다른 여섯 개의 습관을 개발할 수 있다. 스티븐 코비는 "자신이 누구인지, 어디를 향하고 있는지, 무엇이 가장 중요한지 알고 있다면 변화의 가능성은 늘 열려 있다."라고 했다.

103) 파킨슨의 법칙은 관료조직의 인력, 예산, 하위조직 등이 업무량과 무관하게 점차 비대해지는 현상을 지칭하는 용어이다. 파킨슨의 법칙은 1955년 영국 역사학자인 파킨슨이 「이코노미스트(Economist)」에 기고한 풍자적 에세이에서 유래한다. 1958년 다른 에세이와 함께 묶은 「파킨슨의 법칙-확장의 추구(Parkinson's law : The Pursuit of Progress)」를 통해 널리 알려졌다. 파킨슨의 법칙은 개인이나 조직의 생산성 제고를 위해서는 자유방임보다 일정 정도의 제약이 바람직하다는 사실을 알렸다. 예컨대, 정해진 업무는 그에 적합한 최적의 시간과 자원을 배정함으로써 훨씬 더 효과적으로 수행될 수 있다는 것이다. 일상생활에서 파킨슨이 우려한 업무의 비효율성을 극복하기 위한 방법은 다음과 같다. 1단계 하루 일과를 미리 계획하자, 2단계 각 업무에 대한 마감시한을 설정하자, 3단계 업무 효율성 제고를 위해 각 업무별 배정시간을 단축하자, 4단계 각 업무의 마감시한을 준수하자, 5단계 우선순위가 떨어지는 사소한 일에 집착하지 말자, 6단계 근무시간에는 업무 방해 요소를 차단하자, 7단계 하루 일과가 끝나면 스스로에게 보상하자 등이 있다. (이한영, 너 이런 경제법칙 알아?, 21세기북스, 2016.)

다섯째, 생리적 리듬을 이용하여 시간을 사용한다. 생리적 리듬은 개인의 에너지 패턴에 따른 자연적인 리듬이다. 자기 고유의 생리적 리듬을 파악하여 전성의 시간에는 주의 집중을 요하는 일이나 중요한 일을 처리하고, 부진의 시간에는 중요한 결정이나 과제를 피하고 기분전환이나 단순한 일을 하는 것이 바람직하다.

과거 시간관리	현대 시간관리
더 빨리 더 많은 일을 하라	속도보다는 방향이 중요하다
일할 시간을 낭비하지 마라	일보다 사람을 우선하라
완벽한 하루 업무계획	주간 단위 업무계획
한 번 세운 목표는 반드시	더 중요한 일은 그것부터
긴급한 일을 우선하라	긴급하지 않지만 중요한 일을 우선하라

부록

감사를 아는 사람은 다른 사람의 유익을 위해 산다. 더 중요한 것은 이런 철학을 가지고 사는 사람은 저도 모르게 발전하게 된다. (윌리엄 제임스)

현명한 군주는 항상 자기에게 단점이 있음을 염두에 두어 반성함으로써 나날이 좋아지지만, 어리석은 군주는 자기의 단점을 옹호하여 더욱 더 어리석어진다. (당 태종)

1. 인성교육진흥법[104]

자기주도리더십

제1조(목적) 이 법은 「대한민국헌법」에 따른 인간으로서의 존엄과 가치를 보장하고 「교육기본법」에 따른 교육이념을 바탕으로 건전하고 올바른 인성(人性)을 갖춘 국민을 육성하여 국가사회의 발전에 이바지함을 목적으로 한다.

제2조(정의) 이 법에서 사용하는 용어의 뜻은 다음과 같다. <개정 2017.12.19.>

1. "인성교육"이란 자신의 내면을 바르고 건전하게 가꾸고 타인·공동체·자연과 더불어 살아가는데 필요한 인간다운 성품과 역량을 기르는 것을 목적으로 하는 교육을 말한다.
2. "핵심 가치·덕목"이란 인성교육의 목표가 되는 것으로 예(禮), 효(孝), 정직, 책임, 존중, 배려, 소통, 협동 등의 마음가짐이나 사람됨과 관련되는 핵심적인 가치 또는 덕목을 말한다.
3. "핵심 역량"이란 핵심 가치·덕목을 적극적이고 능동적으로 실천 또는 실행하는 데 필요한 지식과 공감·소통하는 의사소통능력이나 갈등해결능력 등이 통합된 능력을 말한다.
4. "학교"란 다음 각 목의 어느 하나에 해당하는 기관을 말한다.
   가. 「유아교육법」 제2조제2호에 따른 유치원
   나. 「초·중등교육법」 제2조에 따른 학교
   다. 「재외국민의 교육지원 등에 관한 법률」 제2조제3호에 따른 한국학교

제3조(다른 법률과의 관계) 인성교육에 관하여 다른 법률에 특별한 규정이 있는 경우를 제외하고는 이 법에서 정하는 바에 따른다.

제4조(국가 등의 책무) ① 국가와 지방자치단체는 인성을 갖춘 국민을 육성하기 위하여 인성교육에 관한 장기적이고 체계적인 정책을 수립하여 시행하여야 한다.

104) [시행 2018.6.20.] [법률 제15233호, 2017.12.19., 일부개정]

② 국가와 지방자치단체는 학생의 발달 단계 및 단위 학교의 상황과 여건에 적합한 인성교육 진흥에 필요한 시책을 마련하여야 한다.

③ 국가와 지방자치단체는 학교를 중심으로 인성교육 활동을 전개하고, 인성 친화적인 교육환경을 조성할 수 있도록 가정과 지역사회의 유기적인 연계망을 구축하도록 노력하여야 한다.

④ 국가와 지방자치단체는 학교 인성교육의 진흥을 위하여 범국민적 참여의 필요성을 홍보하도록 노력하여야 한다.

⑤ 국민은 국가 및 지방자치단체가 추진하는 인성교육에 관한 정책에 적극적으로 협력하여야 한다.

제5조(인성교육의 기본방향) ① 인성교육은 가정 및 학교와 사회에서 모두 장려되어야 한다. ② 인성교육은 인간의 전인적 발달을 고려하면서 장기적 차원에서 계획되고 실시되어야 한다. ③ 인성교육은 학교와 가정, 지역사회의 참여와 연대 하에 다양한 사회적 기반을 활용하여 전국적으로 실시되어야 한다.

제6조(인성교육종합계획의 수립 등) ① 교육부장관은 인성교육의 효율적인 추진을 위하여 대통령령으로 정하는 관계 중앙행정기관의 장과의 협의와 제9조에 따른 인성교육진흥위원회의 심의를 거쳐 인성교육종합계획(이하 "종합계획"이라 한다)을 5년마다 수립하여야 한다.

② 종합계획에는 다음 각 호의 사항이 포함되어야 한다.

1. 인성교육의 추진 목표 및 계획
2. 인성교육의 홍보
3. 인성교육을 위한 재원조달 및 관리방안
4. 인성교육 핵심 가치·덕목 및 핵심 역량 선정에 관한 사항
5. 그 밖에 인성교육에 관하여 필요한 사항으로 대통령령으로 정하는 사항

③ 교육부장관은 종합계획의 중요사항을 변경하는 경우 제1항에 따른 관계 중앙행정기관의 장과의 협의와 제9조에 따른 인성교육진흥위원회의 심의를 거쳐야 한다. 다만, 법령의 개정이나 관계 중앙행정기관의 관련 사업계획 변경 등 경미한 사항을 변경하는 경우에는 그러하지 아니하다.

④ 교육부장관은 제1항 또는 제3항에 따라 종합계획을 수립하거나 변경하였을 때에는 지체 없이 이를 관계 중앙행정기관의 장에게 통보하여야 한다.

⑤ 특별시·광역시·특별자치시·도 및 특별자치도 교육감(이하 "교육감"이라 한다)은 종합계획에 따라 해당 지방자치단체의 연도별 인성교육시행계획(이하 "시행계획"이라 한다)을 수립·시행하여야 한다.

⑥ 교육감은 제5항에 따라 시행계획을 수립하거나 변경하였을 때에는 이를 지체 없이 교육부장관에게 통보하여야 한다.

⑦ 종합계획 및 시행계획의 수립·시행 등에 필요한 사항은 대통령령으로 정한다.

제7조(계획수립 등의 협조) ① 교육부장관과 교육감은 종합계획 또는 시행계획의 수립·시행 및 평가를 위하여 필요한 경우 관계 중앙행정기관의 장, 지방자치단체의 장 및 교육감 등에게 협조를 요청할 수 있다.

② 제1항에 따른 협조를 요청받은 자는 특별한 사유가 없으면 이에 따라야 한다.

제8조(공청회의 개최) ① 교육부장관과 교육감은 종합계획 및 시행계획을 수립하려는 때에는 공청회를 열어 국민 및 관계 전문가 등으로부터 의견을 청취하여야 하며, 공청회에서 제시된 의견이 타당하다고 인정되는 때에는 이를 종합계획 및 시행계획 수립에 반영하여야 한다.

② 제1항에 따른 공청회 개최에 필요한 사항은 대통령령으로 정한다.

제9조(인성교육진흥위원회) ① 인성교육에 관한 다음 각 호의 사항을 심의하기 위하여 교육부장관 소속으로 인성교육진흥위원회(이하 "위원회"라 한다)를 둔다.

1. 인성교육정책의 목표와 추진방향에 관한 사항
2. 종합계획 수립에 관한 사항
3. 인성교육 추진실적 점검 및 평가에 관한 사항
4. 인성교육 지원의 협력 및 조정에 관한 사항
5. 그 밖에 인성교육 지원을 위하여 대통령령으로 정하는 사항

② 위원회는 위원장을 포함한 20명 이내의 위원으로 구성한다.

③ 위원회의 위원장은 위원 중에서 호선하되, 공무원이 아닌 사람으로 한다.

④ 위원회의 위원은 다음 각 호의 어느 하나에 해당하는 사람 중에서 대통령령으로 정하는 바에 따라 교육부장관이 임명 또는 위촉한다. 이 경우 위원은 공무원이 아닌 사람이 과반수가 되도록 한다.

1. 교육부차관, 문화체육관광부차관(문화체육관광부장관이 지명하는 차관), 보건복지부차관 및 여성가족부차관
2. 국회의장이 추천하는 사람 3명
3. 인성교육에 관한 학식과 경험이 풍부한 사람 중에서 대통령령으로 정하는 사람

⑤ 위원회가 심의한 사항을 집행하기 위하여 인성교육 진흥과 관련된 조직·인력·업무 등에 필요한 사항은 교육부령으로 정한다.

⑥ 그 밖에 위원회의 구성·운영에 필요한 사항은 대통령령으로 정한다.

제10조(학교의 인성교육 기준과 운영) ① 교육부장관은 대통령령으로 정하는 바에 따라 학교에 대한 인성교육 목표와 성취 기준을 정한다.

② 학교의 장은 제1항에 따른 인성교육의 목표 및 성취 기준과 교육대상의 연령 등을 고려하여 대통령령으로 정하는 바에 따라 매년 인성에 관한 교육계획을 수립하여 교육을 실시하여야 한다.

③ 학교의 장은 인성교육의 핵심 가치·덕목을 중심으로 학생의 인성 핵심 역량을 함양하는 학교 교육과정을 편성·운영하여야 한다.

④ 학교의 장은 인성교육 진흥을 위하여 학교·가정·지역사회와의 연계 방안을 강구하여야 한다.

제11조(인성교육 지원 등) ① 국가 및 지방자치단체는 가정, 학교 및 지역사회에서의 인성교육을 지원하기 위한 교육 프로그램(이하 "인성교육프로그램"이라 한다)을 개발하여 보급하여야 한다.

② 국가와 지방자치단체는 인성교육프로그램의 구성 및 운용 등을 전문단체 또는 전문가에게 위탁할 수 있다.

③ 교육부장관과 교육감은 인성교육프로그램의 구성 및 운용 계획을 해당 학교 인터넷 홈페이지에 게시하는 등의 방법으로 학부모에게 알릴 수 있도록 하여야 한다. <개정 2017. 12.19.>

④ 학부모는 국가, 지방자치단체 및 학교의 인성교육 진흥 시책에 협조하여야 하고, 인성교육을 위하여 필요한 사항을 해당 기관의 장에게 건의할 수 있다.

⑤ 그 밖에 가정, 학교 및 지역사회에서의 인성교육 진흥 등에 필요한 사항은 대통령령으로 정한다.

제12조(인성교육프로그램의 인증) ① 교육부장관은 인성교육 진흥을 위하여 인성교육프로그램을 개발·보급하거나 인성교육과정을 개설(開設)·운영하려는 자(이하 "인성교육프로그램개발자등"이라 한다)에 대하여 인성교육프로그램과 인성교육과정의 인증(이하 "인증"이라 한다)을 할 수 있다.

② 인증을 받고자 하는 인성교육프로그램개발자등은 교육부장관에게 신청하여야 한다.

③ 교육부장관은 제2항에 따라 인증을 신청한 인성교육프로그램 또는 인성교육과정이 교육내용·교육시간·교육과목·교육시설 등 교육부령으로 정하는 인증기준에 적합한 경우에는 이를 인증할 수 있다.

④ 제3항에 따른 인증을 받은 자는 해당 인성교육프로그램 또는 인성교육과정에 대하여 교육부령으로 정하는 바에 따라 인증표시를 할 수 있다.

⑤ 제3항에 따른 인증을 받지 아니한 인성교육프로그램 또는 인성교육과정에 대하여 제4항의 인증표시를 하거나 이와 유사한 표시를 하여서는 아니 된다.

⑥ 제1항부터 제3항까지에 따른 인증의 절차 및 방법 등에 필요한 사항은 교육부령으로 정한다.

⑦ 교육부장관은 제1항부터 제3항까지에 따른 인증 업무를 교육부령으로 정하는 바에 따라 전문기관 또는 단체 등에 위탁할 수 있다.

제13조(인증의 유효기간) ① 제12조제3항에 따른 인증의 유효기간은 인증을 받은 날부터 3년으로 한다.

② 제1항에 따른 유효기간은 1회에 한하여 2년 이내에서 연장할 수 있다.

③ 제2항에 따른 인증의 연장신청, 그 밖에 필요한 사항은 교육부령으로 정한다.

제14조(인증의 취소) 교육부장관은 제12조제3항에 따라 인증한 인성교육프로그램 또는 인성교육과정이 다음 각 호의 어느 하나에 해당하는 경우에는 그 인증을 취소할 수 있다. 다만, 제1호에 해당하는 경우에는 취소하여야 한다.

1. 거짓, 그 밖의 부정한 방법으로 인증받은 경우
2. 제12조제3항에 따른 인증기준에 적합하지 아니하게 된 경우

제15조(인성교육 예산 지원) 국가 및 지방자치단체는 인성교육 지원, 인성교육프로그램 개발·보급 등 인성교육 진흥에 필요한 비용을 예산의 범위에서 지원하여야 한다.

제16조(인성교육의 추진성과 및 활동 평가) ① 교육부장관 및 교육감은 종합계획 및 시행계획에 따른 인성교육의 추진성과 및 활동에 관한 평가를 1년마다 실시하여야 한다.

② 교육부장관과 교육감은 제1항에 따른 평가 결과를 종합계획 및 시행계획에 반영할 수 있다. <개정 2016.12.20.>

③ 그 밖에 인성교육의 추진성과 및 활동 평가에 필요한 사항은 대통령령으로 정한다.

제17조(교원의 연수 등) ① 교육부장관과 교육감은 학교의 교원(이하 "교원"이라 한다)이 대통령령으로 정하는 바에 따라 일정시간 이상 인성교육 관련 연수를 이수하도록 하여야 한다. <개정 2017.12.19.>

② 「고등교육법」 제41조에 따른 교육대학·사범대학(교육과 및 교직과정을 포함한다) 등 이에 준하는 기관으로서 교육부령으로 정하는 교원 양성기관은 예비교원의 인성교육 지도 역량을 강화하기 위하여 관련 과목을 필수로 개설하여 운영하여야 한다.

제18조(학교의 인성교육 참여 장려) 학교의 장은 학생의 제11조제1항에 따른 지역사회 등의 인성교육 참여를 권장하고 지도·관리하기 위하여 노력하여야 한다.

제19조(언론의 인성교육 지원) 국가 및 지방자치단체는 범국민적 차원에서 인성교육의 중요성에 대한 인식을 공유하고 이들의 참여의지를 촉진시키기 위하여 필요한 경우 언론(「언론중재 및 피해구제 등에 관한 법률」 제2조에 따른 방송, 신문, 잡지 등 정기간행물, 뉴스통신 및 인터넷신문 등을 포함한다)을 이용하여 캠페인 활동을 전개하도록 노력하여야 한다.

제20조(전문인력의 양성) ① 국가 및 지방자치단체는 인성교육의 확대를 위하여 필요한 분야의 전문인력을 양성하여야 한다.

② 교육부장관 및 교육감은 제1항에 따른 전문인력을 양성하기 위하여 교육 관련 기관 또는 단체 등을 인성교육 전문인력 양성기관으로 지정하고, 해당 전문인력 양성기관에 대하여 필요한 경비의 전부 또는 일부를 지원할 수 있다.

③ 제2항에 따른 인성교육 전문인력 양성기관의 지정기준은 대통령령으로 정한다.

제21조(권한의 위임) 교육부장관은 이 법에 따른 권한의 일부를 대통령령으로 정하는 바에 따라 교육감에게 위임할 수 있다.

제22조(과태료) ① 다음 각 호의 어느 하나에 해당하는 자에게는 500만원 이하의 과태료를 부과한다.

1. 거짓이나 그 밖의 부정한 방법으로 제12조에 따른 인증을 받은 자
2. 제12조제5항을 위반하여 인증표시를 한 자

② 제1항에 따른 과태료는 대통령령으로 정하는 바에 따라 교육부장관이 부과·징수한다.

2. 인성교육진흥법 시행규칙

자기주도리더십

2.1 인성교육프로그램 인증기준

영역	항목	세부 구성요소
1. 프로그램 구성 (구성기준)	가. 프로그램 목차	1) 프로그램의 제목, 목표 및 기대효과가 기술되어 있을 것 2) 프로그램의 대상, 이론적 배경, 주요 내용, 강의·실습 시간, 장소, 인원, 일정표, 진행 방법·과정, 준비물 및 진행의 유의사항이 기술되어 있을 것 3) 프로그램 실행 사례, 효과성 검증 방법 및 자체평가 결과가 기술되어 있을 것
	나. 프로그램 시간	1) 단일 프로그램이 최소 10차시(1시간 1차시)이상으로 구성되어 있을 것 2) 동일 프로그램을 1개월 이상 운영할 수 있도록 계획되어 있을 것

2. 프로그램 내용 (내용기준)	가. 프로그램 목표	1) 인성교육과의 관련성 및 효과성이 명료하게 드러날 것 2) 학습자의 요구 및 특성을 반영하고 있을 것
	나. 프로그램 내용 및 구성	1) 목표 달성에 부합하는 내용일 것 2) 교수·학습방법이 적절하고 구체적일 것 3) 교사와 학생 간 및 학생 상호 간 상호작용을 활성화할 수 있는 내용을 갖출 것 4) 프로그램 내용 간 체계성이 있을 것 5) 프로그램 내용이 독창적일 것 6) 학습자의 흥미를 유발하는 내용일 것 7) 실천·체험 활동 중심의 내용일 것 8) 교수·학습자의 성찰에 도움을 주는 내용일 것 9) 효율적인 프로그램 실행이 가능할 것
	다. 프로그램 효과	1) 제시된 프로그램 실행 사례가 프로그램의 효과를 드러낼 수 있을 것 2) 프로그램 효과성 검증 방법이 신뢰성을 갖출 것 3) 프로그램에 대한 자체 평가가 적절하고 타당할 것
	라. 프로그램 확산 및 지원 관련	1) 프로그램 시행 설명이 읽기 쉽고, 명확하며 체계적일 것 2) 프로그램 시행과 관련한 다양한 자료를 제공할 것 3) 그 밖에 사용자의 프로그램 시행 지원을 위한 충분한 수단을 갖출 것

2.2 전문인력양성기관 지정 세부기준

구분	지정기준
1. 교육과정 및 교육내용	가. 교육과정에 따른 교육과목별로 기본교재를 갖출 것 나. 교육과정이 이론 중심의 교육과목과 실습 중심의 교육과목을 포함할 것 다. 교육과정이 최소 120시간 이상으로 구성되어 있을 것 라. 교육과목은 인성교육의 이해, 인성교육의 핵심역량 및 인성교육 실천 등에 관한 내용으로 구성할 것 마. 교육과정이 다음의 요소를 갖출 것 1) 교육과정 목표가 적절하고 명료할 것 2) 교육과정 목표와 교육과목이 부합할 것 3) 교육과목이 학습자 요구 및 특성을 반영할 것 4) 교육과목별 교수·학습방법이 적절할 것 5) 교육과정이 독창적이고 효과적일 것 6) 신뢰할 수 있는 교육과정 효과 검증 체제를 갖출 것 7) 학교 및 지역사회와의 연계 방안이 마련되어 있을 것
2. 교육과정 운영계획	가. 교육과정 편성·운영, 교육시설·교수인력 확보 및 운영, 교육과정 운영을 위한 예산확보 방안, 교육과정 활동기록 관리 및 교육과정의 평가 방법 등에 관한 구체적인 계획을 갖추고 있을 것 나. 교육과정 평가에 관하여 필기시험 등 교육과정 이수를 인정할 수 있는 객관적인 평가 방법을 포함하고 있을 것 다. 교육 대상자의 교육과정에 대한 만족도를 확인할 수 있는 수단이 마련되어 있을 것 라. 교육과정 이수자의 자체 활용 및 이력관리 등 이수자에 대한 관리 방안이 마련되어 있을 것 마. 교육 대상자로부터 받는 교육비가 교육과정 운영비용에 비추어 적정한 수준일 것

3. 교육시설 및 설비 등	가. 교육과정 운영을 위한 교육시설이 교육환경 및 보건위생상 적합하고 다음의 기준을 충족할 것 1) 강의실 - 최소 기준 면적을 100제곱미터로 하고, 최소 기준 면적에 동시 학습자 1명당 1제곱미터씩 추가한 면적을 갖출 것 - 시청각 교육이 가능하도록 영상시설, 조명시설 및 적절한 환기시설 등을 갖출 것 2) 사무실은 강의실 등 다른 교육시설과 분리되고 사무 수행에 적합한 설비를 갖출 것 3) 화장실은 성별로 분리되어 있을 것 4) 급수시설은 그 수질이 「먹는물관리법」 제5조제3항에 따른 수질기준에 적합할 것(수돗물을 이용하는 경우는 제외한다) 5) 소방시설이 「소방시설 설치·유지 및 안전관리에 관한 법률」의 기준에 따라 갖추어져 있을 것 나. 학습자의 학습 및 편의상 필요한 경우 실습실, 회의실, 상담실, 자료실, 도서실 및 컴퓨터실 등의 시설을 갖추고 있을 것
4. 교수요원 등 인력	가. 교수요원을 내부 교수요원과 외부 교수요원(강사를 포함한다)으로 구분하여 관리하고, 내부 교수요원을 1명 이상 확보하고 있을 것 나. 내부 교수요원은 다음의 어느 하나에 해당하는 사람으로서 인성교육에 대한 전문성이 있을 것 1) 대학의 조교수 이상으로 관련분야를 전공한 사람 2) 관련분야 석사학위를 소지하고 관련분야에서 5년 이상의 교육 또는 연구 경력(학위 소지 전의 경력을 포함한다. 이하 같다)이 있는 사람 3) 관련분야 박사학위를 소지하고 관련분야에서 3년 이상 교육 또는 연구 경력이 있는 사람 다. 교육과정을 안정적으로 운영할 수 있도록 사무 전담관리자를 1명 이상 확보할 것

3. 인성교육 5개년 종합계획[105]

자기주도리더십

정부에서는 미래인재 육성을 위한 최우선 과제로 인성교육의 중요성을 부각하고, 인성에 기반한 따뜻한 사회구현을 위한 범사회적 노력의 필요성을 인식하여 인성교육에 대한 미래지향적이고 실효성 있는 인성교육 5개년 종합계획(16~20) 수립했다. 그 구체적인 내용은 다음과 같다.

3.1 인성교육의 개념

홍익인간의 이념 아래 모든 국민으로 하여금 인격을 도야하고 자주적 생활능력과 민주시민으로서 필요한 자질을 갖추게 함으로써 인간다운 삶을 영위하게 하고 민주 국가의 발전과 인류 공영의 이상을 실현하는데 이바지하게 함을 목적으로 한다.

3.2 인성의 요소

핵심가치와 덕목은 예, 효, 정직, 책임, 존중, 배려, 소통, 협동 등의 마음가짐이나 사람됨과 관련되는 핵심적인 가치 또는 덕목을 의미한다. 여기에 인성 역량은 핵심 가치와 덕목을 적극적이고 능동적으로 실천 또는 실행하는데 필요한 지식과 공감, 소통하는 의사소통능력이나 갈등해결 능력 등이 통합된 능력이다.

105) 교육부(문체부, 복지부, 여가부), 인성교육 5개년 종합계획, 2016.

3.3 인성교육의 방향

인성 가치와 덕목을 학생들에게 주입식으로 지도하기 보다는 미래 사회를 성공적으로 살아가기 위해 필요한 바람직한 성품 및 역량을 중심적으로 참여형 인성교육을 설계하고, "앎을 삶 속에서 실천"하도록 교육활동을 체계적으로 조직, 운영하고자 한다.

3.4 인성교육의 목표

학교	인성교육 목표
유치원	자신을 존중하고 다른 사람과 더불어 생활하는 능력과 태도를 기른다.
초등학교	학생의 일상생활과 학습에 필요한 기본 습관 및 기초능력을 기르고 바른 인성을 함양하는데 중점을 둔다.
중학교	학생의 일상생활과 학습에 필요한 기본 능력을 기르고 바른 인성 및 민주시민의 자질을 함양하는데 중점을 둔다.
고등학교	학생의 적성과 소질에 맞게 진로를 개척하며 세계와 소통하는 민주시민으로서 자질을 함양하는데 중점을 둔다.

3.5 정책 추진 방향

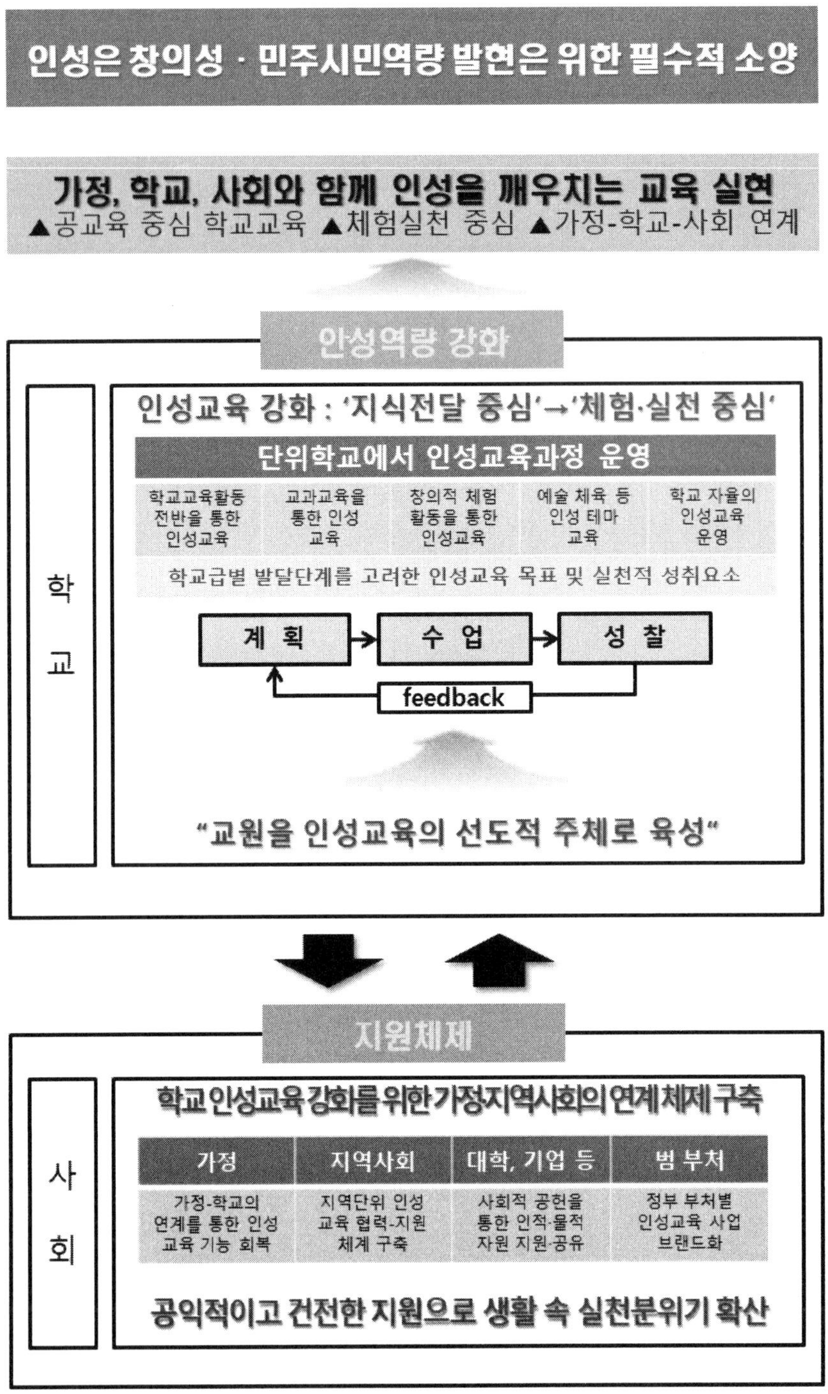
인성은 창의성 · 민주시민역량 발현은 위한 필수적 소양
가정, 학교, 사회와 함께 인성을 깨우치는 교육 실현
▲공교육 중심 학교교육 ▲체험실천 중심 ▲가정-학교-사회 연계
인성역량 강화
학교
인성교육 강화 : '지식전달 중심'→'체험·실천 중심'
단위학교에서 인성교육과정 운영
학교교육활동 전반을 통한 인성교육
교과교육을 통한 인성 교육
창의적 체험 활동을 통한 인성교육
예술 체육 등 인성 테마 교육
학교 자율의 인성교육 운영
학교급별 발달단계를 고려한 인성교육 목표 및 실천적 성취요소
계 획
수 업
성 찰
feedback
"교원을 인성교육의 선도적 주체로 육성"
지원체제
사회
학교인성교육강화를위한가정지역사회의연계체제구축
가정
지역사회
대학, 기업 등
범 부처
가정-학교의 연계를 통한 인성 교육 기능 회복
지역단위 인성 교육 협력-지원 체계 구축
사회적 공헌을 통한 인적·물적 자원 지원·공유
정부 부처별 인성교육 사업 브랜드화
공익적이고 건전한 지원으로 생활 속 실천분위기 확산

비전

미래사회가 필요로 하는 인성역량을 갖춘 민주시민 육성

목표

- 공동체와 더불어 살아가는 데 필요한 성품과 역량을 갖춘 인재 양성
- 가정, 학교, 사회와 함께 "인성을 깨우치는 교육" 실현

추진과제

학교 교육활동 전반을 인성 친화적으로 변화
- 학생의 인성을 가꾸는 학교생태계 조성
- 인성교육중심 교육과정 운영 정착
- 학교 인성교육 지원체계 활성화

학생의 인성을 깨우치는 교육 활성화
- 학생 맞춤형 인성교육프로그램 개발 활용
- 인성중심의 창의적 체험활동 내실화
- 예술·체육·인문 등 인성테마별 교육 활성화

교원의 인성교육 역량 확산 · 지원
- 교원을 인성교육 선도적 주체로 육성
- 교사 공동체의 참여와 자긍심 조성

가정 · 학교 · 사회의 연계 지원체제 구축
- 가정의 인성교육 기능 회복
- 지역사회의 인성교육 참여·지원 강화
- 범부처 인성교육 지원·협력 강화

대(對)국민적 인식제고 및 공감대 확산
- 인성교육에 대한 국민적 인식 개선
- 인성교육 공감대 확산

변화방향

현 재	변화방향
인성교육의 체계성 부족	공교육 체제 내에서 인성교육 구현
지식 습득 중심의 교육	체험·실천 중심의 교육
가정·사회의 지원 미흡	가정·학교·사회의 유기적 협력

4. 효행 장려 및 지원에 관한 법률[106)]

자기주도리더십

제1조(목적) 이 법은 아름다운 전통문화유산인 효를 국가차원에서 장려함으로써 효행을 통하여 고령사회가 처하는 문제를 해결할 뿐만 아니라 국가가 발전할 수 있는 원동력을 얻는 외에 세계문화의 발전에 이바지함을 목적으로 한다.

제2조(정의) 이 법에서 사용하는 용어의 정의는 다음과 같다.

1. "효"란 자녀가 부모 등을 성실하게 부양하고 이에 수반되는 봉사를 하는 것을 말한다.
2. "효행"이란 효를 실천하는 것을 말한다.
3. "부모 등"이란 「민법」 제777조의 친족에 해당하는 존속을 말한다.
4. "경로"란 노인을 공경하는 것을 말한다.
5. "효문화"란 효 및 경로와 관련된 교육, 문학, 미술, 음악, 연극, 영화, 국악 등을 통하여 형성되는 효 및 경로에 대한 사회적 가치를 말한다.

제3조(다른 법률과의 관계) 효행의 장려와 지원에 관하여 다른 법률에 특별한 규정이 있는 경우를 제외하고 이 법으로 정하는 바에 따른다.

제4조(효행장려기본계획의 수립) ① 보건복지부장관은 관계 중앙행정기관의 장과 협의하여 5년마다 효행장려기본계획(이하 "기본계획"이라 한다)을 수립하여야 한다.

② 기본계획은 효행장려를 위한 환경조성 등의 사항을 포함하여야 한다.

③ 보건복지부장관은 「저출산·고령사회기본법」에 따른 저출산·고령사회기본계획을 수립할 때 기본계획을 포함할 수 있다.

106) [시행 2017.12.12.] [법률 제15190호, 2017.12.12., 일부개정]

제5조(효행에 관한 교육의 장려) ① 국가 및 지방자치단체는 유치원 및 초등학교·중학교·고등학교에서 효행교육을 실시하도록 노력하여야 한다.

② 국가 및 지방자치단체는 영유아어린이집, 사회복지시설, 평생교육기관, 군, 교도소 등에서 효행교육을 실시하도록 노력하여야 한다. <개정 2011.6.7., 2016.2.3.>

제6조(부모 등 부양가정 실태조사) ① 국가 및 지방자치단체는 부모 등을 부양하는 가정에 관한 생활실태, 부양 수요 등을 파악하기 위하여 3년마다 실태조사를 실시하고 그 결과를 발표하여야 한다.

② 제1항에 따른 실태조사는 「노인복지법」에 따른 노인실태조사에 포함하여 실시할 수 있다.

③ 제1항에 따른 실태조사의 실시 및 결과의 발표에 관하여 필요한 사항은 보건복지부령으로 정한다.

제7조(효문화진흥원의 설치) ① 효문화 진흥과 관련된 사업과 활동을 지원하고 장려하기 위하여 효문화진흥원을 설치할 수 있다.

② 효문화진흥원은 법인으로 한다.

③ 효문화진흥원에 관하여 이 법에서 규정한 것을 제외하고 「민법」 중 재단법인에 관한 규정을 준용한다.

④ 효문화진흥원의 설치요건 및 운영 등에 관하여 필요한 사항은 보건복지부령으로 정한다.

제8조(효문화진흥원의 업무) 효문화진흥원은 다음 각 호의 업무를 수행한다.

1. 효문화 진흥을 위한 연구조사
2. 효문화 진흥에 관한 통합정보 기반구축 및 정보제공
3. 효문화 진흥을 위한 교육활동
4. 효문화 프로그램에 관한 개발 및 평가와 지원
5. 효문화 진흥과 관련된 전문인력의 양성
6. 효문화 진흥과 관련된 단체에 대한 지원
7. 그 밖에 보건복지부령으로 정하는 효문화 진흥과 관련된 업무

제9조(효의 달) 효에 대한 사회적 관심과 자녀들의 효 의식 고취를 위하여 10월을 효의 달로 정한다.

제10조(효행 우수자에 대한 표창) 보건복지부장관은 부모 등에 대한 효행을 장려하기 위하여 효행 우수자를 선정하여 표창을 할 수 있다.

제11조(부모 등의 부양에 대한 지원) 국가 또는 지방자치단체는 부모 등을 부양하고 있는 자에게 부양 등에 필요한 비용의 일부를 지원할 수 있다.

제12조(부모 등을 위한 주거시설 공급) ① 국가 또는 지방자치단체는 자녀와 동일한 주택 또는 주거 단지 안에 거주하는 부모 등을 위하여 이에 적합한 설비와 기능을 갖춘 주거시설

의 공급을 장려하여야 한다.

② 국가 또는 지방자치단체는 제1항에 따른 주거시설의 공급자에 대하여 지원을 할 수 있다.

제13조(민간단체 등의 지원) 국가 및 지방자치단체는 효행장려 사업을 수행하는 법인·단체 또는 개인에 대하여 필요한 비용의 전부 또는 일부를 보조하거나 그 업무수행에 필요한 지원을 할 수 있다.

참고문헌

「논어」
「목민심서」
「인성교육진흥법」
「효행 장려 및 지원에 관한 법률」

연합뉴스, 2004.5.28.
박현모, 박현모의 세종이 펼친 '진짜 정치', 문화일보, 2018.10.24.
문화공보부, 한국종교편람, 계문사, 1984.
이명준 외, 교과교육과 창의적 체험활동을 통한 인성교육 활성화 방안, 한국교육개발원, 2011.
지은림 외 5인, 인성지수개발연구, 교육부, 2013.
윤병화, 조선후기 실학에 내재된 과학적 사고에 대한 고찰, 과학관 육성방안 연구, 제3회 한국박물관국제학술대회, 한국과학관협회, 2009.
정약용, 해설 전환기에 다시보는 牧民心書, 윤동환 옮김, (사)다산기념사업회, 2004.
교육부(문체부, 복지부, 여가부), 인성교육 5개년 종합계획, 2016.
한국과학창의재단, 창의·인성교육의 총론적 고찰, 2011.
한국전문대학교육협의회·백석문화대학, 자기주도형 인성과 경력개발, 한국전문대학교육협의회, 2010.
황인표, 2009 개정 도덕과 공통교육과정의 내용체계에 나타난 인성함양 방향, 인성교육 실현을 위한 교육과정 개정 시안 공청회, 한국교육과정평가원, 2012.

Bryman,A, Charisma and Leadership in Organization, London : Sage, 1992.
Manz & Sims, The New Superleadership, New York : Berrett-Koehler Publishers, 2001.
N. Noddings, 「Caring : A Feminine Approach To Ethics & Moral Education」, L.A : University of California Press, 1984.
강선보 외, 인성교육, 양서원, 2008.
김대규·권경택·김승묵, 교양인을 위한 리더십, 학문사, 2006.
김성국, 모멘트리더십, 탑북스, 2016.
김인경 외 4인, 간호 리더십과 팔로워십, JMK, 2016.
김종현, 콘디의 글로벌 리더십, 일송북, 2007.
남궁달화, 인성교육론, 문음사, 1999.
남상민, 예절학, 박영사, 1996.
박내희, 조직행동론, 박영사, 2002.
박채복, 지식정보화 사회와 여성적 리더십, 2010.
백기복, 이슈리더십, 창민사, 2000.
백기복, 리더십 리뷰, 창민사, 2009.
성균관, 우리의 생활예절, 성균관출판부, 2010.
신구범, 조직행동의 설계와 관리 및 변화, 형설출판사, 1999.
안성호·김일석, 현대리더십의 이해, 신광문화사, 2010.
용혜원, 말 잘하는 사람이 성공한다, 책만드는집, 2003.
이관응, 신뢰경영과 서번트리더십, 엘테크, 2002.
이한영, 너 이런 경제법칙 알아?, 21세기북스, 2016.
이현주, 관계의 99%는 소통이다, 원앤원북스, 2016.

정홍기, 영웅은 죽지 않는다, 채운재, 2011.
풍국초, 중국상하오천년사, 신원문화사, 2008.

김우진, 인성교육의 조건과 시민교육, 문화와융합 37(1), 한국문화융합학회, 2015.
권덕원, 국악교육이 인성에 미치는 영향, 국악교육 39, 2015.
박춘성, 창의·인성의 특성과 학교에서의 발현을 위한 방안 탐색, 창의력교육연수, 10(2), 2010.
백민경·조재순, 배려와 나눔 실천을 위한 가정과 교수·학습과정안 개발과 평가, 한국가정과학교육학회, 2015.
양성국 외 1인, 김만덕의 기업가정신에 대한 연구, 경영사학 제27집 제2호, 한국경영사학회, 2012.
조성을, 정약용의 신분제 개혁론, 동방학지51, 1986.
현주, 한미영, 임소현, 한국 초·중등학생을 위한 인성검사 개발 및 타당화, 한국심리학회지 : 사회 및 성격, 29(1), 한국심리학회, 2015.

경혜영, 청소년 기본예절교육, 2015년 청소년 주니어해설사, 영월청소년수련관, 2015.
고은영, 어머니리더십 실천 인물 연구, 숙명여자대학교 석사학위논문, 2007.
김선영, 인성교육을 위한 중학교 국어과 교수·학습 방안 연구, 충북대학교 석사학위논문, 2015.
권영필, 차생활 예절교육이 성인 지적장애인의 생활예절과 주의집중력에 미치는 효과, 성균관대학교 석사학위논문, 2011.
남지연, 심벌마크디자인 교육에서 브레인라이팅과 트리즈를 활용한 아이디어 발상 프로그램에 관한 연구, 국민대학교 석사학위논문, 2012.
노유경, 새마을운동에서 코칭리더십과 혁신행동의 창발에 관한 연구, 고려대학교 석사학위논문, 2013.
도용호, 유학사상을 바탕으로 한 전통교육건축의 공간구성에 관한 연구, 청주대학교 박사학위논문, 1995.
문태용, 리더십유형이 직무만족과 조직몰입에 미치는 영향에 관한 연구, 동신대학교 석사학위논문, 2009.
박미선, 여성적 리더십 사례 연구, 숙명여자대학교 석사학위논문, 2013.
박지현, 이순신 리더십 교육을 위한 초등사회 교과서 서술 내용 분석, 서울교육대학교 석사학위논문, 2017.
박희영, 시간관리 훈련 프로그램이 초등학교 아동의 자기주도적 학습력 및 자기통제력에 미치는 효과, 한국교원대학교 석사학위논문, 2009.
심혜경, 매너교육의 초등도덕교육에의 적용, 부산교육대학교 석사학위논문, 2007.
안현미, 코칭리더십이 조직구성원의 이직의도에 미치는 영향, 고려대학교 석사학위논문, 2011.
안혜숙, 집단 통합예술치료가 청소년의 자기존중, 자기조절, 배려·소통능력에 미치는 영향, 국제신학대학원대학교 박사학위논문, 2018.
유정숙, 전통예절·다례체험 프로그램 연구, 원광대학교 석사학위논문, 2016.
이민희, 유아 전통 예절교육 운영실태 및 교사의 인식도 조사, 동국대학교 석사학위논문, 2015.
이인석, 리더십이론 발전광을 통한 리더십개발에 관한 연구, 동신대학교 석사학위논문, 2011.
이진은, 백범 김구의 리더십과 진정성, 청주교육대학교 석사학위논문, 2016.
이태승, 정기룡 장군의 리더십 연구, 건양대학교 석사학위논문, 2014.
임현주, 중학생 인성 향상을 위한 그룹 코칭프로그램이 성실, 배려·소통 및 자기조절에 미치는 영향, 광운대학교 석사학위논문, 2018.
정영진, 지하철 에티켓 학습교육을 위한 게임 디자인 연구, 광운대학교 석사학위논문, 2013.
정유주, 창의·인성교육을 위한 고등학교 건축디자인 수업방안, 숙명여자대학교 석사학위논문, 2014.
조현태, 직장 예절과 직장 성공의 연관성에 대한 사례분석, 경희대학교 석사학위논문, 2010.
최광욱, 공군장교의 리더십 인식에 관한 연구, 목원대학교 석사학위논문, 2001.
최남석, 세종대왕의 리더십 이론, 인천대학교 석사학위논문, 2017.
최태하, 맞벌이 가정 아동과 홑벌이 가정 아동의 인성 특성 비교 연구, 한국교원대학교 석사학위논문, 2004.

최혜향, 창의·인성교육을 위한 음악수업 지도방안, 공주대학교 석사학위논문, 2013.
하명희, 예절 인지와 실천 및 학교 예절교육 요구도 분석-학생, 학부모, 교사를 중심으로, 성균관대학교 석사학위논문, 2010.
한기범, 沙溪 金長生과 愼獨齋 金集의 禮學思想 研究, 충남대학교 박사학위논문, 1990.
한명진, 서번트리더십 모형을 통해 본 세종과 링컨의 리더십 비교분석, 대전대학교 박사학위논문, 2018.
홍루비, 학교폭력 예방을 위한 도덕윤리교과에서의 인성교육 방안, 연세대학교 석사학위논문, 2014.

찾아보기

저 자 : **윤 병 화**

- 세경대학교 교수
- 세경대학교 기획처부처장
- 한국문화관광복지협회 부회장
- 한국박물관연구소 소장

자기주도 리더십 정가 13,000원

발 행 2019년 3월 10일 초판 1쇄
저 자 윤병화
발행인 전귀연
발행처 신 광 문 화 사
경기도 파주시 광인사길 201(문발동, 파주출판도시)
Tel (031)955-4211~6 donghwapub@nate.com
Fax (031)955-4217 www.donghwapub.co.kr
(등록) 1991년 6월 26일/6-130호

Printed in Korea
ISBN 978-89-7432-938-9

공급처 도서출판 동화기술